世界を読み解く
一冊の本

クルアーン

神の言葉を誰が聞くのか

大川玲子

慶應義塾大学出版会

「世界を読み解く一冊の本」

『クルアーン』
神の言葉を誰が聞くのか

目　次

序　この聖典は誰のもの？

生きている書物

イスラームの聖典「クルアーン（コーラン）」は今も生きている。

書物は読まれなければ意味をなさない。書物を生み出すのは著者であるが、それが生き続けられるのは読む者がいてこそ、ということになる。そういう意味で、クルアーンは一四〇〇年以上にわたって読む者を惹きつけ、駆り立て、もしくは厭われてきた。この状況は今も変わらず――いや、むしろ強まっているかもしれない。

この聖典が生きていると強く感じるのは、それが神の言葉そのものだと信じられていることから生じる、さまざまな「摩擦」を見聞する時である。信徒と非信徒の間で生じることもあれば、信徒間で起こることもある。

筆者の経験の範囲だと、ごく稀にだが、アラビア語のイスラーム文献をあつかう書店でクルアーンを購入しようとしたところ、拒否されたことがある。

ある日、エルサレム旧市街のムスリム（イスラーム教徒）地区にある立派な書店に入ると、「岩のド

図1 表紙にホログラムの「岩のドーム」の写真があるクルアーン（筆者所蔵）

ーム」の写真が表紙にある珍しいクルアーンを見つけた。さっそく買おうとしたところ、店主に「ムスリムか？」と聞かれ、「違う」と答えると、「売れないね」となってしまった。このようなことはめったにないと断っておかなければならないが、やはり異教徒に聖典をふれさせることへの違和感が、未だにあるのも確かである。ちなみに筆者はこの後、その書店の近くにある古いスーク（市場）の小さな露店の土産屋で同じクルアーンを見つけた。買おうとすると、店主は「クルアーンだよ」といって確かめたが、こちらは問題なく売ってくれたのであった（図1）。

異教徒がふれることに違和感をいだく者もいるほどなのだから、クルアーンを傷つけ冒瀆することは、当然許しがたい行為となる。キューバのグアンタナモの米軍キャンプには、アフガニスタンやイラクで拘束された「テロリスト容疑者」が収容されていたが、被疑者が所有していたクルアーンが破かれたり、トイレに流されたりした。これが二〇〇五年に報道されると、世界中のムスリムが怒り、激しいデモが繰り広げられた。また日本国内でも二〇〇一年に富山でクルアーンが破棄され、在日ムスリムたちがデモで激しい怒りを表明したことがあった。

このようにムスリムの聖典「クルアーン」は今も強く生きている書物である。それは、ここにある言葉が神からのものであると真に信じる者が多く存在するということである。現在多くの日本人は

「いったいイスラーム教徒は何を信じているのだろうか?」、そして「その聖典のコーランには何が書かれているのだろうか?」と疑問に思っている。だが知りたいと気にかかりつつも、その機会はなかなか得られない。

報道を見ると、ムスリムがクルアーンを掲げて、ジハードを訴えながら攻撃を予告する映像が流れることがある。すると当然、「イスラームは恐ろしい宗教で、クルアーンには何か怖いことが書いてあるらしい」と考える視聴者が増えるだろう。しかし、本当にクルアーンが「テロ=ジハード」の根拠なのだろうか? と疑問が生じる。これに対して、イスラームは平和を愛する、優れた文明を生み出した宗教だと主張する識者や信者の声を聞くこともある。すると、なぜテロリストが生まれてきたのだろうか? とまた疑問が生じる。このように、イスラームという宗教と、信徒の全体像や世界観を知ることは容易ではない。なぜならば、通常日本では直接ムスリムに会い、話をする機会が極端に少ないからである。

こうした現状をふまえて、本書ではムスリムと非ムスリムの双方の立場を考慮しつつ、イスラームの教えの根柢にある聖典クルアーンのもつ世界観や、その人々への影響を明らかにしていく。そうすることで、「イスラーム教徒が何を大切にしているのか」を理解し、「はるか遠くにいる好戦的な人たち」というムスリムへの誤解が薄らいでいくだろう。そして、クルアーンとそれを信じる人々を知ることで、本書が私たちの生きるこの世界をよりよく理解する一助となれば、これ以上の幸いはない。

さて、「聖典」と一口にいっても、宗教によって、その読まれ方は様々だ。いくつかの聖典のなかには、非信徒の間でも読まれたり、影響を与えたりするものがある。特に日本ではキリスト教の聖書がこれにあてはまるだろう。西洋世界の価値観の源泉としてそれを学ぼうとする場合や、小説などにその思想が色濃く反映される場合もある。ここでの聖書は「聖典」というより、むしろ「古典」として受容されているとするると、イスラームの聖典「クルアーン」はどうなのであろうか。日本の人々の関心がないとはいえないが、ほとんど接点がないのが実情であろう。いつか、「クルアーン」も「人々にとっての古典」として読まれることがあるだろうか。

近年、日本では急速にムスリム向けのハラール食を扱うレストランが増えてきたし、企業や公共施設で礼拝室も用意されるようになってきた。このような変化は、日本社会がイスラームを知ろうとする原動力の一つになるかもしれない。そのためには、その聖典であるクルアーンがどのようにして生まれたのか、何が書かれているのか、そしてそれをめぐって何が起こっているのか、について知る必要があるだろう。

誰がクルアーンを読むのか――読者のタイプの六分類

イスラームがムハンマドによって説かれてから一四〇〇年が過ぎ、今、ムスリムによる聖典理解は変革期を迎えている。クルアーンの解釈が、ウラマーと呼ばれる宗教学者の独占状態から開放されつつあるのである。比較としてキリスト教世界をふりかえると、やはりイエスがその教えを説いた後、一五〇〇年ほどして宗教改革が起こり、聖書の解釈が聖職者以外の一般に開かれるようになった。もちろんこの二つの世界の「宗教改革」を全くパラレルにとらえることはできない。だがこのように考えることで、ムスリムたちの聖典理解が模索の途上にあることを理解するヒントになるかと思われる。

ただし指摘しておかなければならないのは、ムスリムたちの「改革」は西洋キリスト教世界の「改革」の後であり、その影響を大きく受けているという点である。そもそも改革とは、内発的なものであっても新旧派の間で激しい対立をともなう。その上、ムスリム世界では植民地宗主国として君臨した西洋の、つまり外来の影響を受けることに対する反発が加わってしまっている。このように二重に変革の摩擦が存在するため、ムスリム世界の改革は、西洋世界の展開よりもさらに複雑な様相を呈しているといえる。

ここで参考になるのが、ファリド・イサクによるクルアーンへのアプローチに関する議論である。イサクについては後でふれるが、南アフリカ出身のムスリム学者で、クルアーンに関する論考を著し、アパルトヘイトへの抵抗運動を行った活動家としても知られている。彼によると、クルアーン理解には大きく分けて二つの道がある。クルアーンの文言を「神の言葉」、つまり「聖典」として理解する道と、知的関心の対象となる重要な書物として理解する道である。ムスリムであるイサクは前者を「自己」による理解、後者を「他者」による理解とする。そして、それぞれをさらに三つに分け、全体としてクルアーンを読む者のタイプを六つに分類している（図2）。

この図の「自己」、つまり「ムスリム」は「ウンマ（ムスリム共同体）」に属す。1の「一般的ムスリム」は批判的に見ることはなく、ただクルアーンを愛読する者である。これが「自己」の大多数であろう。2の「信仰告白的ムスリム学者」は、学問的ではあるがクルアーンを愛読する者である。例としてザルカシーやスユーティー、マウドゥーディー、アミーン・アフサン・イスラーヒー、タバータバーイー、ビント・シャーティウがあげられている。これらの学者についてはこれから紹介するよ

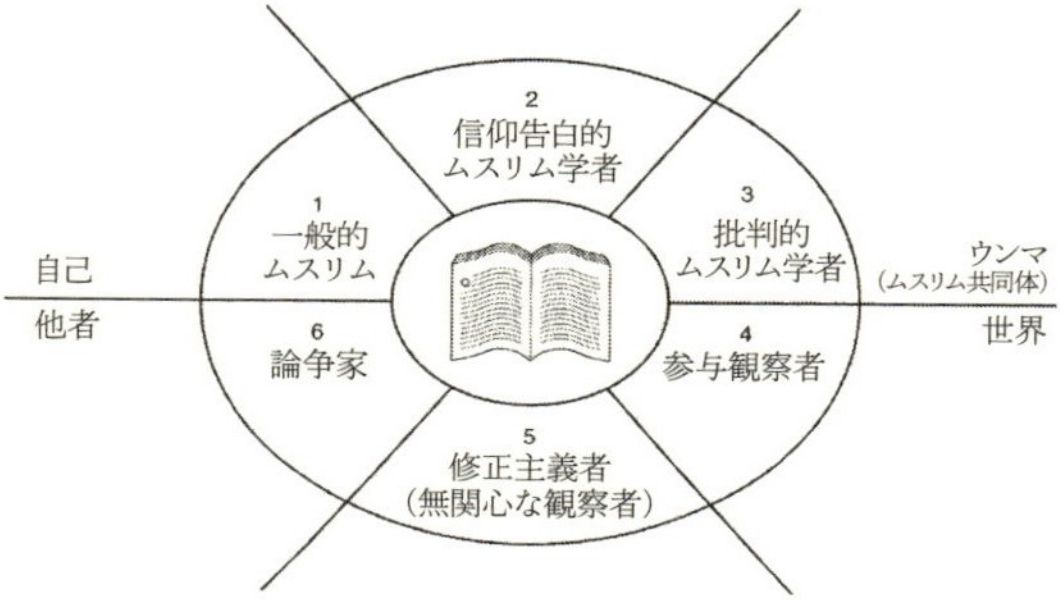

図２　イサクによるクルアーンへのアプローチ六分類（ファリド・イサク『クルアーン　初心者への手引き』より）

うに、クルアーンを学問的に議論するが、批判的にはとらえていない者たちである。3の「批判的ムスリム学者」は、批判的な愛読者である。クルアーンに魅了されているが、その性質や起源に疑問をもち、検討する学者である。アブー・ザイド、ラフマーン、アルクーンが代表例とされ、彼らについても後でふれることになる。イサク自身も「私は批判的かつ進歩的なムスリムで、真摯な学問的努力に多大な敬意を表するクルアーンの学徒である」と述べ、ここに含まれると考えている。

イサクはさらに、これらに加えて非ムスリム、つまり「他者」によるクルアーンの読み方を三つに分類している。4の「参与観察者」は、クルアーンを愛読するムスリムの友であると表現され、3に近いという。このような読者はムスリムの感性に配慮し、それを理解した上で、クルアーンを読む。例としてはハーバード大学教授であったウィルフレッド・キャントウェル・スミスなどがあげられている。ここが非ムスリムによるクルアーン理解の最も融和的な立ち位置だと考えられる。5の「修正主義者（無関心な観察者）」は「のぞき見をする」ような者だとされ、ムスリムの感性への配慮はなく、ただ事実を冷徹に分析しようとしている。例としてはパトリシア・クローンとマイケル・クック、ジョン・ワンズブロー、アンドリュー・リッピン、クリストフ・ルクセンブルグといった西洋の学者たちがあげられている。後で紹介するが、これらはムスリムの歴史を本質的にはユダヤ・キリスト教的環境での産物としてあつかう「修正主義」的な研究者たちであり、ムスリムの立場とは対立する。さらに6の「論争家」は、5の学者の議論には関心がないが、ムスリムの立場に否定的な結論のみを受け入れ、インターネットなどでクルアーンを非難し、自分の信仰の正当化を図る者たちであるという。そして、恐らくこの情報を鵜呑みにする人たちが少なくないのであろう。

このイサクによるクルアーンにアプローチする者たちについての分類から、キリスト教が主流の西洋世界では対立や摩擦も激しいが、クルアーンを読む「自己」や「他者」といった者たちが、一つのテーブルについているような状況が生まれつつあるようにも見受けられる。他方、「自己の聖典」をもたない者が多い日本では、どのように「他者の聖典」を理解することができるのだろうか。今後ムスリムとの接点がこの社会でも増えていくであろうことから、この問題が他人事ではないことは確かである。現時点でいえるのは、イサクの分類でいう1、2、4、6が日本社会にも多くはないが存在し、「自己」と「他者」の対立が西洋世界ほどには顕著ではないということであろう。ちなみに筆者は4に属すのではないかと自認しているが、いかがだろうか。

本書の目指すこと

さて、このような問題意識をもちながら、本書がクルアーンについて語る際に留意したのは、読者の立場に差異があるということである。そもそも「作者」が誰なのか、神（アッラー）なのか人（ムハンマド）なのかという点で、ムスリムと非ムスリムの立場は大きく異なっている。こうした立場の違いは、内容理解の相違をもたらす。この状況をふまえて、大半が非ムスリムである日本人がどのようにこの聖典をとらえればよいのか、ムスリムと非ムスリムの双方の視点を盛り込みながら提示したい。

これまで、日本語でのクルアーンに関連する書籍としては、その翻訳書に加えて一般書や学術書などが少なからず刊行されてきた。それらの著者は当然ながら、ムスリム、非ムスリム、研究者、文筆家といったそれぞれの立場からクルアーンを論じている。本書はそのなかで非ムスリムの研究者によるものに属し、そのような叙述形式になっているだろうが、可能な範囲でムスリムの立場でのクルアーン理解を併記するように心がけたつもりである。

そこで、全体の構成は次のようにしていく。第Ⅰ章では、この書物が生まれた背景をムスリムの視点と非ムスリムの視点の双方から考えていく。この書物には「作者」がいるのか、それは神なのかムハンマドなのか、という疑問から出発したい。次いで、クルアーンがテクストとして成立した経緯について考えていく。これもムスリム／非ムスリム双方の視点から見ていく必要がある。実は、「書物としての成立の歴史」こそが、クルアーンを考える上で、立場により最も見解が対立する点なのである。さらにテクストとして成立した後、クルアーンという書物がどのように流布していったのか、「翻訳」書も含めてその特異性にせまっていきたい。

第Ⅱ章では、クルアーンという聖典がイスラームを信じるよう「説得」することを主目的としているという観点から、その内容について考えていく。説得のためには、言葉に力があることが不可欠である。そこで、神の言葉そのものとされる文体の特殊性や、書物としての構成について見ていく。その後、内容に入っていくが、まずはどのようなキャラクターが登場するのかを概観していきたい。ここでは特にムハンマドを含む預言者たちに焦点をあて、その歴史がイスラーム入信の「説得」のための叙述であることを明らかにしていきたい。加えて、この言葉がイスラーム初期の社会と思想に与えた影響を考えていく。

第Ⅲ章ではさらにクルアーンの「説得」論理について、この聖典が示す世界の時間軸の独自性から解明していきたい。クルアーンでは神による天地創造からこの世の終末という時間の流れが詳細に描かれるが、それはイスラームを信じムスリムになることを促す。クルアーンは非信徒（＝他者）を信徒（＝自己）にすることを目的とし、その世界観は正／誤や真／偽に分けられる二元論的なものである。だが近代以降、世界は狭くなり、この二元論だけでは立ち行かなくなったため、新しいクルアーン解釈の潮流が生まれた。これはクルアーンを、信徒にも非信徒にも意味ある書物として理解する動きだと考えられる。このような視点で、クルアーンの解釈史を概観していく。そして最後に、この書物がもつ芸術的魅力にふれ、信仰の有無を超えて人々に受け入れられる可能性を考えたい。

「聖典」とされる書物は、信じるか否かから出発しているという「特殊性」と、「解釈」によってその特殊性を乗り越える可能性とをもっている。その意味で、それを読む者の歴史は、信徒の歴史でもあると同時に、人類の書物をめぐる歴史の一部でもあるといえるだろう。

なお、表記に関しては基本的に『岩波イスラーム辞典』にしたがい、できるだけ原音表記を心がけているが、一般化している用語（メッカなど）はそのままの場合もある。またクルアーン訳は筆者の私訳によるもので、その部分はフォントを変えて引用している。

それでは、これよりクルアーンという激しくも奥深い世界にご案内することにしよう。

I

「作者」は神か人か？

1 「作者」をめぐって――ムスリムと非ムスリムの間

「聖典」としてのクルアーン

誦め、「創造される御方、汝の主の御名において。彼は一凝血から、人間を創られた」と。誦め、「汝の主は極めて心ひろく、筆によって［書くことを］教えられ、人間に未知なることを教えられた御方である」と。（九六章一―五節）

この言葉は、クルアーンが最初に啓示された時のものだとされるが、いったい誰が誰に「誦め」と命じているのだろう？

星の数ほど世に書物は生まれてきたが、『クルアーン（コーラン）』はそのなかでも「聖典」と呼ばれる独特な位置にある。「聖典」といわれると、どのような書物を思い浮かべるだろう。キリスト教の聖書、仏教の経典、ヒンドゥー教のヴェーダなどであろうか。儒教の経書（経典）も思い浮かぶかもしれないが、「聖」という字ゆえに、ここに含めるべきか迷うこともあるだろう。

例えばハーバード大学で比較宗教学を教えたウィルフレッド・C・スミスは『聖典とは何か？――比較によるアプローチ』で、クルアーンを最も聖典らしい書物として定義しているが、それはなぜだろうか。答えを先にいってしまえば、それが神の言葉そのものとされているから、ということになる。『クルアーン』という名称の意味は通常「読誦されるもの」だとされるが、それは神の言葉そのものの読誦、つまり発声を含意している。これは先ほど引用した九六章一―五節が「誦め」という命令で始まることに深く関わっている。クルアーンは神の声による言葉そのものが書かれたもの、という意味で、聖典の究極的な形態と見ることができるのである。

確かに、「聖典」がどのようなものなのかについては学問的にも議論がある。儒教の経書が「聖典」なのか迷いが生じる理由もそれに通じるものである。ただし、ここでは簡潔に「聖」と「典」に分けて、「聖なる存在」に関係する「書」だと理解しておきたい。そうするとクルアーンは「アッラーとの関わりをもつ書」となるが、ここで重大な問題が生じる。「アッラー」を「聖」と認めるのはムスリム（イスラーム教徒）だけであって、信徒でない者にとってクルアーンは「聖なる書物」ではないということである。

クルアーンを読む際に生じる「誰が作者なのか?」や「誰の言葉なのか?」という疑問は、この読者の立ち位置に起因する。もし読者がムスリムならば「クルアーンにあるのはアッラーの言葉」であり、それが非ムスリムであれば「クルアーンの作者はムハンマド」ということになる。このようにクルアーン理解のあり方とは、読者の立場によって大きく異なり、単に「古典」として読むことが難しい。これがこの書物の独自性である。

クルアーンについて予備知識のない非ムスリムが冒頭で引用した句を読めば、ムハンマドが信徒に命じていると考えるだろう。だが、ムスリムはそうは受けとらない。彼らにとっては、命じたのはアッラー、命じられたのは預言者ムハンマドである。そして両者の間には、天使ジブリール（ガブリエル）が存在し、アッラーの言葉をそのままムハンマドに伝えたとされる。このようにクルアーンは読者の立ち位置によって読みとり方、つまり解釈が全く異なるのである。

とはいえ、どちらの立場から見ても、ムハンマドが極めて重要な人物であることには変わりはない。ムスリムにとって彼は、神から遣わされた最後の使徒かつ預言者である模範的人物、非ムスリムにとっては、イスラームという世界宗教の創始者である歴史上の重要人物ということになる。

ムスリムから見たムハンマドの生涯

クルアーンは、アッラーの使徒であるムハンマドについてどう述べているだろうか。

実にアッラーの使徒は、アッラーと終末の日を期待し、アッラーを常に念じる者にとって、良き模範であった。（三三章二一節）

この世の終わりを強く願い、アッラーの名を頻繁に念じるムスリムたちにとって、ムハンマドは模範的人物であるという。この句は、メディナにいたムハンマドやその支持者たちが、多神教徒に攻め込まれた時のものだとされる。この状況のなかでムハンマドは、アッラーを念頭において死を恐れない勇猛な行動をとったと認められているのである。アッラーの言葉によって褒められたムハンマドは、当然ながら、信徒たちにとって理想的な人物として理解されることになる。

ムハンマドの生涯については、ハディースと呼ばれるムハンマドの言行を伝える伝承によって知ることができる。ハディースは独自の形式を持ち、マトン（本文）とイスナード（伝承者の鎖）からな

図１　アラビア半島周辺地図

る。ムハンマドの言動をそばにいたAが見聞し、さらにBに伝え、BがCに、CがDに……そしてGがHに伝える。その「言動」の内容がマトンであり、AからHの伝承者名がイスナードとなる。このイスナードの信憑性が弱ければ、そのハディースの信憑性も低いものと判断される。

ハディースによって伝えられるムハンマド像はムスリムの視点によるものであり、西洋の非ムスリム研究者たちのなかには、その信憑性に疑問を抱く者たちもいた。実際にハディースの偽造も行われたため、ムスリムの学者たちによって選別されてもきた。現在では、六つのハディース集が最も信憑性が高いとされている。それらのなかでもムスリム・イブン・ハッジャージュ（八一七／八二一～八七五年）とブハーリー（八一〇～八七〇年）が編纂した二つの『サヒーフ』（どちらも題が同じで「真正」の意味）が最も高い権威をもつ。さらにムハンマドの生涯について伝える重要な資料が、イブン・イスハーク（七〇四頃～七六七年）が著し、イブン・ヒシャーム（?～八三三年）が編集した『預言者伝』で、これも多くのハディースに基づいている。これらのハディースからムハンマドの生涯を概観し、クルアーンがどのようにして与えられたとムスリムが考えているのかを、これから見ていきたい。

ムハンマドは五七〇年ごろ、アラビア半島のメッカ（アラビア語原音でマッカ）で生まれた（図１）。当時アラビア半島の周辺には、東ローマ帝国（ビザンツ帝国、三九五～一四五三年）とサーサーン朝ペルシャ（二二六～六五一年）の二大帝国が並び立ち、覇権を争っていた。ムハンマドはメッカを支配していたクライシュ族のハーシム家に生まれたが、彼の父は生まれる前に亡くなり、母も六才頃に他界し、孤児となってしまう。そこでクライシュ族の長老だった祖父アブドルムッタリブ（生没年不詳）に引きとられ、祖父亡き後は伯父のアブー・ターリブ（?～六一九年頃）の保護下で育った（図2）。

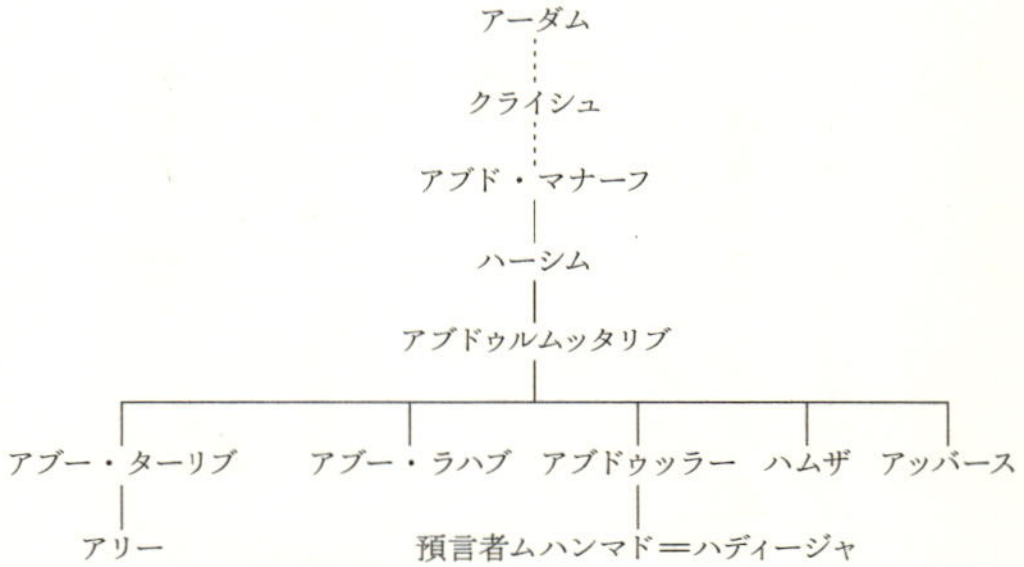

図2　ムハンマドをめぐる人物関係図

メッカはイエメンからシリアへの隊商行路上にあり、商業で栄えた。ムハンマドは長じては隊商交易に従事するようになり、誠実な人物として認められていたようである。またメッカにあったカアバ神殿には三六〇体ともいわれる神の偶像が祀られ、多神教の重要な巡礼地でもあった。クライシュ族はカアバ神殿を中心とするフバル神信仰の管理者で、かつ、交易で富を得て、メッカを支配した一族であった。当時のメッカは部族社会で出自による身分差が激しく、拝金主義的な風潮が広まっていた。

ムハンマドは二五才頃、隊商交易を営む女性ハディージャ（?～六一九年）と結婚し、子どもは六人生まれたが、息子二人は夭折し、娘が四人いた。ハディージャはムハンマドよりも一五才ほど年上で、彼が彼女に雇われたことを機に結婚したとされる。このように、ムハンマドの最初の妻はいわゆる「キャリア女性」である一方、ムハンマドが預言者であることを信じて支え、最初のムスリムとなった。ムスリムの間では、理想的な女性の一人とされる。

神の声を聞く

さて、ムハンマドはメッカ郊外の山の洞窟に一人で籠り、瞑想するようになった。そして四〇才頃、神の声を聞き、預言者としての召命だと認識するようになる。啓示の時の様子は、次のクルアーンの言葉から多少うかがい知ることができるかもしれない。何か大きな非現実的な存在がムハンマドのすぐそばまでやって来て、言葉を伝えたようである。

それは彼［＝ムハンマド］にもたらされた啓示に他ならない。彼に教えたのは恐るべき力の主。優れた知力の主。真っすぐに立ち、はるか高き地平の彼方に姿を見せ、下りて近づいた。弓二つ分か、それよりも近く。そして僕［＝ムハンマド］に啓示を伝えた。（五三章四―一〇節）

啓示が続き、ムハンマドはその内容を人々に伝え始めたが、それは当時のメッカ社会に対する批判であった。神は唯一アッラーのみで、多くの偶像を崇めるのは間違い、アッラーの前で人は平等で、重要なのは現世での富ではなく来世での楽園である、と説いたのであった。これらの内容については、第Ⅲ章で見ていくことにしたい。

この頃の様子は、次のクルアーンの短い章に示唆されている。（ここでの「汝」はムハンマドである）。

朝に［誓う］。静かな夜に［誓う］。主は汝を見捨てず、憎まれてもいない。実に来世は汝にとって現世よりも良い。やがて主は、汝の満足するものを授けられる。孤児だった汝を見つけ、護られたではないか。迷っていた汝を見て、導き、貧しかった汝を見て、裕福にしてくださった。だから孤児を虐げてはならない。請う者を拒んではならない。汝の主の恩恵を宣べ伝えよ。（九三章一―一一節）

ここでは、現世よりも来世が重要であることや、孤児だったムハンマドに結婚後の裕福な暮らしを与えたアッラーこそが偉大であることが語られている。

ヒジュラ（聖遷）――メッカからメディナへ

ムハンマドが伝えたメッセージとは、当時のメッカ社会への批判であった。そのため、人々の怒りを買い、彼やその支持者への迫害が始められた。この迫害が生命や財産を脅かすほどになったため、ムハンマドと信徒たちはメッカを出て、北方のヤスリブという町に移住した。このヤスリブが今のメディナ（アラビア語原音でマディーナ、「町」の意味）である。移住のきっかけは、メディナには多神教徒のアラブ人とユダヤ教徒がいたが、アラブ人の間で内乱が続いていたため、紛争を仲裁して人々を統括する者として彼が招かれた、ということであった。ムハンマドたちの移住そのものはヒジュラ（聖遷）と呼ばれ、この六二二年はムスリムにとって大きな意味をもつ。イスラーム暦はヒジュラ暦といい、この年を元年とする太陰暦である。断食やメッカ巡礼など宗教上の行事の時期は、今もこのヒジュラ暦にしたがって決められている。

メディナ移住後、ムハンマドはムスリム共同体の長として信徒たちを率い、クルアーンの啓示も日常生活の規定に関する内容が増えていった。メディナのユダヤ教徒の多くはイスラームに改宗したが、彼らへの対応も必要であった。

メディナの人々は四種類に分けることができる。メッカからメディナに移住した者（ムハージルーン）、ムハージルーンを助けたメディナの者（アンサール）、ムスリムを助けるふりをしているメディナの偽善者（ムナーフィクーン）、そしてユダヤ教徒やキリスト教徒といった一神教徒（啓典の民）である。これらの集団の間では、当然ながら確執や反目もあり、ムハンマドは安穏としてはいられなかった。

またメッカのクライシュ族との対立も継続しており、バドルの戦い（六二四年）、ウフドの戦い（六二五年）、ハンダクの戦い（六二七年）などの戦闘が続いた。よってこの時期には、戦闘に関する啓示が多く下されている。

六二八年にはメッカ勢力と「フダイビーヤの和議」が結ばれて休戦となり、翌年にムハンマドはメッカ巡礼を行っている。六三〇年にはメッカ勢力が無条件でムハンマドに降伏、ムスリム勢力は無血でメッカに入り、カアバ神殿にあった多神教の像を破壊した。ムハンマドは六三二年にメッカに大巡礼を行った後、メディナで亡くなった。

最後の啓示は次のものとされ、最晩年のムハンマドやその共同体の充実ぶりが示唆されている。

今日、我は汝らのために汝らの宗教を完成し、汝らへの我の恩寵を全うし、汝らのための宗教としてイスラームに満足した。（五章三節）

啓示が下された状況

最初に下された啓示は先に述べた九六章一―五節だとする説が強いが、この言葉が下された頃の状況について、ハディースはこう伝えている。ムハンマドは眠っている時に暁の輝きのようなものを見るようになり、次第にメッカ近郊にあるヒラー山（今はヌール山とも呼ばれる）の洞窟に籠るようになった（図3）。ある時、彼が洞窟にいると、天使が現れて「誦め」と命じた。彼は「誦むことができません」と拒んだが、天使は彼を苦しいほどに羽交い絞めにし、「誦め」と再度命じた。これを三度繰り返した後、天使は九六章一―五節を下したという。

図３　ヒラー山の洞窟（Norman MacDonald/*Saudi Aramco World*/SAWDIA）

ムハンマドは怖れおののきながら帰宅し、妻のハディージャにこのことを話したところ、彼女は彼をはげまし、キリスト教徒であった従兄弟ワラカのもとに連れていった。そしてワラカの説明により、ムハンマドの体験がムーサー（モーセ）と同じものであり、天使ジブリール（ガブリエル）が唯一神アッラーの言葉を伝え、啓示を得てムハンマドは預言者となったのだと理解したという。

また、啓示の時のムハンマドの様子であるが、啓示はどのように下るのかという信徒の問いかけに対して、ムハンマドはこう答えたという。

或る時は、耳をつんざく鐘の音のようにわたしに臨み、それはわたしにとって最も苦しいのであるが、やがて途絶えると、わたしは示された言葉をしっかりと心の中につかんでいるのに気づく。また或るときは、天使が人の姿をとってわたしに語りかけ、わたしはその言葉をはっきりと記憶する。[1]

ムハンマドの妻の一人アーイシャ（六一四頃~六七八年）が伝えるハディースによれば、寒い日であっても啓示を得た時には、ムハンマドは額に汗を滴らせていたという。こうした伝承から、啓示を受ける瞬間には、心身ともにトランス状態とも呼べるような独特な状況になっていたことがうかがえる。ちなみにアーイシャは、ハディージャの死後にムハンマドが結婚した妻の一人で、彼はその部屋で亡くなっている。その死後アーイシャは、後継者争いの戦いに関わるなど、政治にも積極的な人物であった。

ムハンマドが、ハディージャと啓示の際に訪れる霊について話している様子を伝えるハディースもある。霊が彼のもとをしばしば訪れ、ムハンマドがハディージャの腿の上に座っていても見えたが、彼女がヴェールをとって顔をさらすと見えなくなった。このことから、この霊が悪魔ではなく天使だとわかった、というものである。それが悪魔ならば、女性が顔を見せても部屋から去らなかったはずということであろう。このハディースから、啓示が下り始めた当初は、ムハンマドたちもそのメッセージが天使を通してアッラーから与えられたものなのか、または悪魔のささやきなのか、迷っていたということがうかがえる。そして、啓示を伝えた天使ジブリールは、ムハンマドにとって日常に入り込む身近な存在であったことも分かる。

身の回りの状況の反映

啓示は常に下されたわけではなく、断続的に、メッカで一〇年、メディナで一三年、合計二三年にわたって下されたとされる。それらが記憶・記録され、ついには編纂されて聖典クルアーンという書物になったのであるが、その経緯については次節で扱いたい。ここではもう少し、神の言葉、つまり啓示がどのようにしてムハンマドの日常の出来事に入り込んでいるのかを見ていきたい。例えば、ムハンマドがメッカでクライシュ族からの激しい迫害を受けていた頃の逸話を伝えるハディースがある。彼の叔父でもあるアブー・ラハブ（?～六二五年頃）は敵意をむき出しにしており、その妻がムハンマドが通る道に茨をまき散らすという嫌がらせをしたため、次のような啓示が下された。

滅びよ、アブー・ラハブの両手。彼は滅びた。彼の富も稼ぎも何の役にもたたない。炎（ラハブ）をあげる業火で焼かれることになる。彼の妻は薪を運ぶ女。首に椰子の荒縄をかけられて。
（一一一章一―五節）

この呪詛の句は、苦しい迫害を受けていたメッカ期のムハンマドたちムスリムの状況をよく表している。クルアーン研究で世界的に知られる井筒俊彦（一九一四〜一九九三年）は、メッカ期の句を「異常な緊張感がみなぎっている……全体がとても暗い、意味的に暗い」と表現したが[2]、まさに自分たちの信仰が否定され、生存の危機にある、鬱屈した心情がこの句から読みとれるだろう。ただし、この句を当時のムハンマドの心情と理解するのは非ムスリム的視点であり、ムスリムの理解では、アッラーが苦難のなかにあるムハンマドに対して、その迫害者を非難する言葉を与えたということになる。

前述したようにムハンマドには男の子が生まれたが夭折し、当時重要視されていた跡継ぎの息子がいなかった。そのことについてクライシュ族のある男が、跡継ぎもいないムハンマドのいっていることなど無視すればよいと仲間内でいったところ、

我々は汝にカウサルを与えた。（一〇八章一節）

という啓示が下されたという。ここでの「我々」はアッラーの自称、「汝」はムハンマドであり、まさにアッラーがムハンマドに語りかけた言葉そのものをムハンマドが口にしたのであった。この句が意味することは、ムハンマドは、跡継ぎ息子ではなく、それ以上に価値のある「カウサル」をアッラーから与えられており、何も卑下する必要はない、ということである。「カウサル」は「潤沢」と訳されることが多い。その意味は諸説あるが、「現世にある何ものよりも偉大なもの」や「水の尽きることのない大河」を指すともいわれ、後継者という現世的な価値観を超えたものがムハンマドに与え

られているという意味になるだろう。

このように、ムスリムにとってクルアーンという啓示は、アッラーという時空を超越した聖なる存在が、その言葉を通して、限定された時空である西暦六〜七世紀のアラビア半島にいるムハンマドを媒介して、その存在を示したという現象である。ここでは「超越」と「限定」という本来ならば不可能である二つ領域の邂逅が生じている。それを信じることでムスリムになるのであり、その言葉はムハンマド自身のものだと考えるならば、ムスリムではないということになる。

非ムスリムにとってのムハンマド

では、ムスリムでない者にとってムハンマドという人物はどのような意味をもつと考えられるであろうか。その歴史上の重要性について否定する者はいないであろう。西洋では歴史的にキリスト教やユダヤ教が広まっていたため、ムハンマドに対して厳しい視線が投げかけられることが多かった。例えば、ルネサンス期に活躍したダンテ（一二六五〜一三二一年）の『神曲』では、ムハンマドは腹を割かれた無残な様子で地獄にいると描写されている。その他、妻が多かったことから好色な女好きで、神からの啓示を得たと嘘をついただけの偽善的な詐欺師として中傷されることもあった。これは改善されてはきているが、現在でも一部の人が抱き続けているムハンマドのイメージである。今も日常生活のなかでムスリムと接する機会の多い欧米社会では、当然摩擦も多く、ムハンマド批判を通してイスラームを否定しようとする動きがある。

対して日本では、これとは異なるムハンマド観が見られる。戦前では明治九年（一八七六年）に、イギリスの聖職者が十七世紀末に書いたムハンマド伝が翻訳された後、立て続けに明治末から大正にかけて、何冊ものムハンマド伝が刊行された。日本人の中東観の歴史的展開を詳細に検討した杉田英明が述べているように、「これら出版の動機は、いずれもイスラムという宗教それ自体の関心というより、むしろ『英雄』『超人』『偉人』としてのムハンマドへの関心によるところが大きかった」[3]。これは戦前の日本社会が、欧米を敵としてアジアの盟主となろうとしていたことから、ムハンマドを肯定的にとらえたという背景があると考えることができる。

だが戦後はイスラームに関する関心は低く、一部の研究者の間で研究が続けられただけで、ムハンマドを積極的に評価、もしくは批判しようとする動きはなかった。よってムハンマドを重要な世界史上の人物として理解するという選択肢が残る。例えば漫画家の手塚治虫の編集で『世界の四大聖人――孔子・シャカ・キリスト・マホメット』(中央公論社、一九八八年)という伝記漫画が刊行されているのを考慮すると、日本人にとってムハンマドが孔子や釈迦、キリストと並ぶ聖人として認識され得ることがわかる。ただ、ここの他の三人に比べても明らかにムハンマドについては情報が少なすぎるために、社会全体ではほとんどそのイメージが存在していないのが現状であろう。

ムハンマドの同時代人

そこで、日本の歴史や宗教文化的状況からムハンマドについて考えてみるのがよいかもしれない。一つ参考になるのは、聖徳太子(厩戸皇子)の存在であろう。彼は、ムハンマドとほぼ同じ時期の五七四年に生まれ、クルアーンが啓示されたのとほぼ同じ時期の六〇四年に『十七条憲法』を定めたとされる。ムハンマドは神からの言葉を人々に伝えようとしてムスリム共同体の基礎をつくったが、聖徳太子もまた天皇中心の国をつくるために仏教に帰依したといわれる。

このように類似点もあるが、現代における影響力は大きく異なる。聖徳太子はかつてはお札に肖像が載せられ、今もなお仏教を日本に本格的に導入した重要な歴史上の人物と考えられているが、一般の日本人の生活のなかで言及されるのは「和を以て貴しとなす」という『十七条憲法』の言葉程度であろう。これに対してムハンマドが伝えたイスラームの教えは、その死後アラビア半島を出て地中海まで広がり、現在は一六億人ともされる世界中の信徒が、日々クルアーンを読誦している。日本人がもし『十七条憲法』を今もなお基本信条として、日々接しながら、その解釈を探りつつ生活していると想像してみると、ムスリムがクルアーンに対して行っていることが、意義深くも簡単ではない壮大な試みであることが実感できるであろう。

さらに、日本人の観点からムハンマドとクルアーンを理解する鍵になると考えられるのが、日本の宗教文化に「神懸り」を経験するシャーマン的な宗教者が存在することである。井筒もメッカ期のクルアーンの句について「シャーマン（巫者）の口から流れ出すコトバに揺曳する不気味な雰囲気」があると描写し、ムハンマドとシャーマンの異同について論じている。[4]

日本におけるシャーマンの代表的な存在として、東北地方のイタコや沖縄のユタがあげられ、それぞれ死者や神の言葉を口寄せすることで知られる。また明治二五年（一八九二年）に生まれた大本教は、「国常立尊の神霊が艮《うしとら》の金神《こんじん》の名により、出口なお開祖に神がかりし、三千世界の立替え、みろく神世の実現を啓示した」[5]という教義をもつ。当初「艮の金神」は、なおに憑依し、彼女の口からその言葉が発されていたが、後には彼女自身が筆をもってその言葉を書き留めるようになった。この記録が「お筆先」と呼ばれ、大本教の教典『大本神諭』の基礎となっている。このように日本にも神懸かりや託宣といった宗教現象をともなう巫者的存在があり、神託に基づく聖典をもつ宗教組織が見られるのである。

ただ、ムハンマドをシャーマン的な宗教者と類比するのは、明らかに非ムスリムの視点である。ムスリムの教義によれば、彼は巫者（アラビア語でカーヒン）ではないとされる。クルアーンにはこうある。

実にこれは、尊い使徒の言葉である。これは詩人の言葉ではない。しかし汝らは信じない。これはカーヒンの言葉でもない。しかし汝らは気に留めない。万有の主から下された啓示である。もし彼［＝ムハンマド］が我々［＝アッラー］に関して何らかの言葉を捏造するのであれば、我々は彼の右腕をつかみ、頸動脈を切るであろう。（六九章四〇—五〇節）

イスラームが広まる以前のアラビア半島では、伝統的な多神教が信仰され、カーヒンはジン（幽鬼・幽精）に憑依されて、その言葉を託宣していると信じられていた。そこでムハンマドが語り始めたイスラームを認めず批判した多神崇拝者たちが、ムハンマドもカーヒンにすぎず、その口から出た言葉は神からのものなどではなく、単に「捏造」しただけだと主張した。それに対して下された反論の啓示が、前述の句となる。このように、ムハンマドをシャーマン的存在としてとらえることは、イスラームの教えに反している。しかし日本文化にもシャーマン的存在が認められ、非現実的な存在の言葉を自らの口から人々に伝える役割を担っていることを再確認することは、ムハンマドに啓示が下されたとされる状況を日本人が理解する手助けになるのではないかと考えられるのである。

神の言葉の「創造」という神学問題の難しさ

さらにクルアーンとして啓示されたアッラーの言葉（カラーム・アッラー）が「創造」された「被造物」なのか、「創造」されていない「永遠なもの」なのか、という神学的議論も古典期に展開された。このような議論は非ムスリム、特に多くの日本人にはピンとこないことかもしれない。しかしムスリムにとっては重大事である。例えば一〇世紀初頭のイラクで起こった出来事として次のような逸話が伝えられている。

イラクのバスラで、独自の思弁神学を展開したムウタズィラ派に属す者が、群衆の前で「クルアーンは創造されたものだ」と告げた。それを聞いた群衆は怒って彼をバスラ総督のもとに連行し、彼は監禁された。翌朝、ムウタズィラ派の者が千人以上集まり、総督官庁を訪れて釈放を求めた。総督は暴動が起こることを恐れて、その者を釈放した[6]。

ここからもクルアーンの「創造」という問題が、バスラという大都市で大騒ぎになるほどの重大事だということがわかる。イスラームの教えにおいてアッラーはすべてを創造する存在である。だがそこから発された言葉、すなわちクルアーンは、元来神自身でありながらもそこから離れた存在、つまり被造物となり得る。神のものが人に与えられたというクルアーンのもつ両面性から、それが「永遠

／創造されていない」のか「一時的／被造物」なのか、という議論が生じたのである。

この論争によって引き起こされたのが、ミフナ（審問）と呼ばれるアッバース朝時代（七四九〜一二五八年）の思想弾圧である。第七代カリフのマアムーン（在八一三〜八三三年）は、クルアーンとして啓示されたアッラーの言葉が創造されたものであるという主張を学者や裁判官に強制した。これはムウタズィラ派の思想に沿ったもので、マアムーンはこの非正統派の理論を支持したのであった。

ムウタズィラ派神学の特徴の一つは、神の絶対性を極めて厳密にとらえ、人間との共通性を一切否定した点にある。よって、人間が聞くことのできるクルアーンが、神と同等に永遠であるはずがなく、それは一時的に生成された被造物にすぎないと主張したのであった。多くの学者はマアムーンに従ったが、その強制を拒み投獄されたのが、イスラームの四法学派の一つであるハンバル派の祖、イブン・ハンバル（七八〇〜八五五年）であった。こうした事件を引き起こしながらも、ミフナはほどなく終わりを告げる。その後、ムウタズィラ派ではなく正統派のアシュアリー神学派に基づき、クルアーンという アッラーの言葉は神の属性の一つで、永遠だと認められることになった。

また天地創造以前に、すでにクルアーンの原型が存在した、という伝承も多く伝えられ、書物としてのクルアーンの聖性を強調している。

いやこれは尊きクルアーンで、護られた書板にある。（八五章二一—二二節）

明瞭な書物にかけて、実に我々はそれをアラビア語のクルアーンとした。汝らが理解するために。それは我々の御許の書物の母にあり、高く賢い。（四三章二—四節）

これらの句にある「護られた書板」や「書物の母」が天上にあるクルアーンの原型を指し示すと解釈された。この「天の書」はアッラーの玉座のそばにあり、光や宝石、または真珠でできているという。クルアーンはそこから地上に下されたとする伝承が多く伝えられている。まずラマダーン月の「カドルの夜」に最下天にまとめて下され、その後、地上のムハンマドの状況に応じて断片的に啓示されたという。かつては、書物としてのクルアーンの聖性を宇宙論のなかに位置付けて正当化する信仰が存在していたのであった。

このように、クルアーンが神と人間をつなぐ媒体であるからこそ、それをどのように認識すればよいかについて、ムスリムの間でも温度差が生じる。概していえば、一般的な信徒はクルアーンを永遠なる神の顕現ととらえ、その存在を身近に感じるのであろう。他方、思弁を重視する神学者という知的エリートたちのなかには、神の絶対性を守るためにクルアーンを人間世界に限定することに固執する者もいた。後者に属すムウタズィラ派の立場は西洋の影響を受けた近現代のムスリム知識人のなかで復活することになるが、これは後述したい。

2 議論を生む書物としての成立と展開

ムスリム伝承の伝える編纂経緯

クルアーンという神の言葉は、どのように人間の手元にある書物になったのか。これまでムスリムと非ムスリム研究者の間で大きな見解の相違を生んできた。それは資料が不十分であることに加えて、ユダヤ教・キリスト教文化圏に属す非ムスリム研究者たちが、自分たちの宗教意識に基づいてクルアーンを「学問的に」理解しようと試みたためでもある。

ムスリムの公的教義によれば、クルアーンはムハンマド死後の正統カリフ時代に編纂され、それが現在に伝えられているという。ここで留意すべき点は、クルアーンが編纂によって「口承」から「書承」に完全に移行したわけではなく、両側面がお互いに補完しつつ共存しているということである。ムスリムは今なお、クルアーンを「黙読」するための書物ではなく、「読み上げる」ための教本のようにとらえている。読誦については第Ⅲ章で見ていくが、今なお日常生活に浸透しており、意味がよくわからなくても読誦する場合さえある。この強い「口承性」ゆえに、クルアーンという聖典が現在もムスリムたちに強い影響を与え続けているともいえる。だがこの口承性はまた、最初期の共同体がクルアーンを書き留め「書承」化することに抵抗感をもった原因でもあった。

ブハーリーが編纂した『サヒーフ』には、クルアーンの編纂経緯を伝える次のような内容の伝承が含まれている。ムハンマドの生前にはクルアーンは断片的に、ナツメヤシの葉や石、布切れや動物の骨、木の皮に書き留められ、また人々はそれらを記憶していた。その死後、アブー・バクルが第一代正統カリフ（在六三二〜六三四年）として後を継いだが、イスラームからの離反者との戦いが生じ、クルアーンを読誦できる者たちが多く殺された。そこでウマル（後の第二代正統カリフ、在六三四〜六四四年）がクルアーンの内容が失われることを危惧して、アブー・バクルにクルアーンの断片を収集することを勧めた。アブー・バクルは、ムハンマドがしなかったことを行うことにためらいを見せたが、ウマルの説得により、収集することを決意した。

そこでアブー・バクルは、ムハンマドに下された啓示の記録を行っていた優秀な若者のザイド・イブン・サービトを呼び、クルアーンの断片の収集を命じた。ザイドもまた、「ムハンマドもしていないことをなぜするのか」と疑念を示したが、アブー・バクルに説得され、引き受けた。ザイドは人々から啓示の断片を集め、それらを巻物に書き記した。それはアブー・バクルのもとに保管されたが、その死後にウマルに引き継がれ、さらにその死後は娘のハフサが保管した。

その後、二度目の編纂が第三代正統カリフのウスマーン（在六四四〜六五六年）の時期になされたと、同じくブハーリー編『サヒーフ』に含まれるハディースは伝えている。ウスマーンがアルメニアやアゼルバイジャンにシリア出身者とイラク出身者の軍を派遣しようとしたところ、彼らのクルアーンの誦み方が違うことに気づいた者がいた。ウスマーンはこのことを聞いて、ハフサが保管していた写本を取り寄せ、ザイドたち四人の者たちに命じてクライシュ族の言葉で書き写させた。そしてこの書き写された写本を方々に送り、それ以外のクルアーンの断片や写本は焼き捨てさせた、という。

「ウスマーン版」の誕生

このウスマーン時代の写本は今のイラクのバスラやクーファ、シリアのダマスカス、そしてメッカに送られ（エジプトやイエメンにも送ったという説もある）、現在流布している標準のクルアーン本はこの「ウスマーン版」に基づくとされる。ちなみにウスマーンは、クルアーン読誦中にエジプトからの反徒によって刺殺されたが、この時の血がついていると伝えられる写本が、現在ウズベキスタンに存在する。第四代正統カリフのアリー（?〜六六一年、在六五六〜六六一年）がクーファに持っていき、後にウズベキスタンの歴史的英雄ティムール（一三三六〜一四〇五）がサマルカンドに持ち帰ったとも伝えられる（図4）。

しかし、ウスマーンによるクルアーン編纂以降も、他の者たちの手による版が残っていたようである。特に初期の入信者でムハンマドをよく知っていたイブン・マスウード（?〜六五三年頃）は、ウマルによってクーファに派遣されていたが、ウスマーンの編纂したクルアーンに激しく異議を唱えた。しばらくは、彼自身が編纂したとされるクルアーンの版がクーファを中心に流布していたという。イブン・マスウード版はクルアーンの第一章と最後の二章である第一一三・一一四章が含まれず、意味内容に大きな差がない程度ではあるが、多少発音や用語が異なっていた。イブン・マスウード以外にも、クルアーン解釈学の父と呼ばれるイブン・アッバース（六二〇頃〜六八七年）などの教友（ムハンマドと接したことのある第一世代）が独自の版をもっていたとされる。

図4　「ウスマーン写本」のレプリカ。ウズベキスタン国立歴史博物館に展示。原本は別の建物に保管されている（筆者撮影）

またシーア派では、アリーが編纂したクルアーンがあると考えられている。アリーとはムハンマドの従兄弟で女婿、かつスンナ派の第四代カリフであり、シーア派にとっては第一代イマームとされる人物である。前述したように、ムハンマドには男性後継者がいなかったため、血筋上でも姻戚上でもアリーが後継者として優位であったが、スンナ派のなかには彼を認めない者も少なくなかった。彼は暗殺され、正統カリフ時代は終わり、スンナ派の統率者はウマイヤ朝（六六一〜七五〇年）に移っていった。それを認めず、アリーの息子たちを長とする者たちがシーア派を形成することになった。そのような立場のアリーが編纂したとされるクルアーンには彼がムハンマドの後継者であることを示す句が含まれているが、ウスマーン版にはないとする伝承も伝えられている。

とはいえ、ムスリムの大勢を占めるスンナ派の間では、ウスマーン版が最も正しいとされている。ブハーリー編『サヒーフ』が伝えるハディースのなかに、天使ジブリールがムハンマドに対して毎年ラマダーン月にクルアーン全体を読誦していたというものがある。これに基づくならば、ムハンマド自身がクルアーンを啓示の断片としてではなく、定められた順序をもつまとまりとして認識しており、それを踏襲したのがウスマーン版だということになる。

このように、クルアーンの編纂の問題は、イスラームの最初期から、ムスリムの信仰そのものにとっても、非常に重要だったのである。

クルアーン編纂の研究史

ただ、『サヒーフ』の編纂がムハンマドの死後二〇〇年経過していることを考慮しても、それが伝えるクルアーン編纂史とは異なる状況が実際には存在していた可能性はあるだろう。そこで非ムスリムの西洋の研究者は、ハディースの信憑性への疑問とともに、クルアーン編纂に関するムスリムの公的見解についても疑問をもち、検証を行ってきた。例えばジョン・バートンの『クルアーンの収集』(一九七七年)は、ムハンマドの意思で生前に編纂されたという説を主張した。またジョン・ワンズブローの『クルアーン研究——聖典解釈の資料と方法』(一九七七年)は九世紀に、パトリシア・クローンとマイケル・クックの『ハガリズム——イスラーム世界の形成』（一九七七年）はウマイヤ朝第五代カリフのアブドゥルマリク（在六八五〜七〇五年）の時代に、クルアーンが成立したとする。

さらに最近の研究としては、クリストフ・ルクセンブルグというペンネームで刊行された研究書『コーランのシリア・アラム語的読解』（二〇〇〇年）が関心を集めたが、この書はクルアーンの言語はアラビア語とシリア・アラム語が混ざったものだと主張した。アラム語は紀元前七〜四世紀まで中東の共通言語で、ユダヤ教聖書の一部にも用いられ、イエスの母語だったとされる。その後、アラム語から派生したシリア語は、八世紀までシリアでキリスト教徒が用いていた言語であり、キリスト教の宗教文献もこれで書かれた。西洋の研究者のなかには、今後クルアーン研究を始める者にシリア語の知識は必須とまで述べている者もいるほどである。だが、この著者が内容の過激さから本名を用いなかったのだろうと推測されるように、アッラーの言葉そのものを歴史的文脈のなかに入れ込み、さらにはアラビア語というムスリムにとって最も神聖な言語の地位を、他言語であるシリア語によって相対化させる研究が、ムスリムによって受け入れられることはたやすくはない。

これらの研究は、ムスリムのクルアーン編纂についての公的見解のみならず、信仰の根幹に真っ向から対立するものであり、当然ながら現在に至るまでムスリムによる反発が続いているし、実際のところ、ムスリムの公式見解を全面的に否定する学説は成立していない。今後、編纂の経緯を解明する研究として期待されるアプローチは、クルアーンの編集理論の分析と、写本研究であろう。

前者のクルアーンの編集理論の分析とは、文体論への関心に基づいてクルアーンの章構成に意図（一貫性）があることを証明し、編纂の背景を探ろうとする新しい試みである。ニール・ロビンソン

『クルアーン解明――覆われたテクストへの現代的アプローチ』（一九九七年）や、ミシェル・カイパース『コーランの構成――クルアーンの一貫性』（二〇一二年／英語訳『クルアーンの構成――修辞的分析』二〇一六年）、レイモンド・ファリン『構造とクルアーン解釈――イスラームの聖なるテクストの調和と一貫性に関する研究』（二〇一四年）などが現在進行形で成果を示しつつあり、研究者の注目を集めている。

初期の写本を読み解く

さらに近年、最初期のクルアーン写本研究も大きく進展している（図5）。これは古写本が偶然に発見されたことが大きく、一九七二年にイエメンのサナアのモスクで、最近では二〇一五年にイギリスのバーミンガム大学でクルアーン写本が発見され、大きな反響を呼んだ。

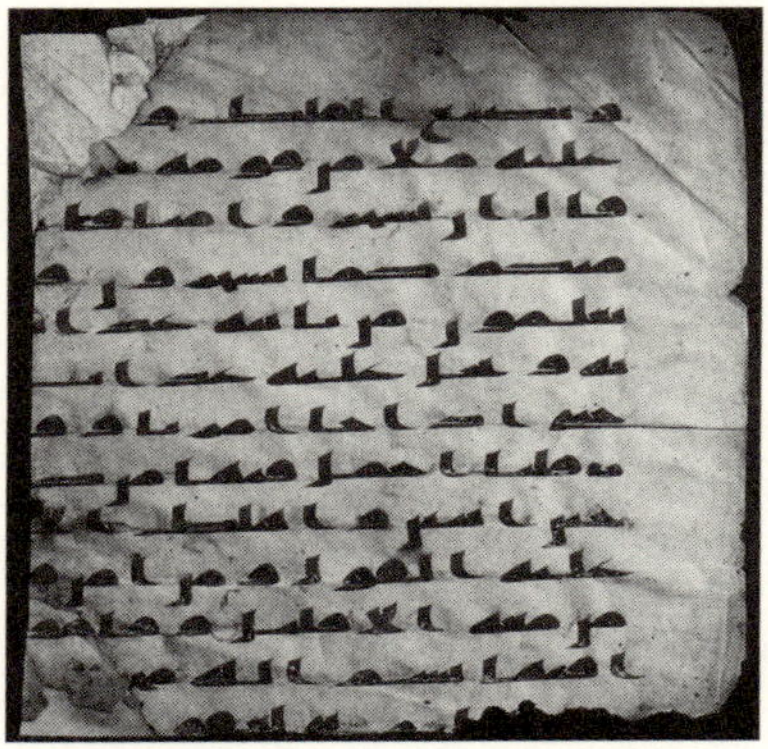

図５　クーフィー体で書かれた最初期のクルアーン写本。バーレーンの「クルアーンの館」所蔵（Hussain A. Al-Ramadan/*Saudi Aramco World*/SAWDIA）

イエメンのサナアにある大モスクは、ムハンマドの指示で建てられたとも伝えられる古いもので、大雨で破損した天井を修復していた一九七二年に大きな保管室が発見された。ここには約千点のクルアーン写本からの断片が、約一万五千点含まれていた。放射性炭素による年代測定によれば、九五％以上の可能性で五七八年から六六九年のもので、実際に書かれたのは七世紀から八世紀にかけてだったとされる。その貴重さのため、現在、ユネスコの「世界記憶遺産（Memory of the World）」に登録されている。[7]それらの写本はイスラーム初期写本の特徴であるヒジャージー体という字体で書かれていた。当初ドイツの専門家によって調査が始められると、フランスとイタリアの専門家たちも加わり、昨今はデジタル化も進んでいる。

　この写本の特徴は、「パリンプセスト」、つまり獣皮紙に二度書きされたものが含まれていることである。当時、獣皮紙は貴重で、一度書かれた後に（「下のテキスト」）、それが消されてその上に再度書かれる（「上のテキスト」）ことがあったのである。この「サナア写本」の「上のテキスト」は八世紀に、「下のテキスト」は七世紀に書かれたとされる。「下のテキスト」は消されているが紫外線写真によって読むことが可能になり、特になぜ消されたのか、「上のテキスト」との違いは何なのかが関心の対象となっている。

　研究者の間では、「下のテキスト」がウスマーン版ではないということでは一致しているが、イブン・マスウード版の系統かどうかでは意見が分かれる。アスマ・ヒラリの最新の研究によれば、「下のテキスト」は書記が個人的に使うために書き留められたもので、クルアーンを教えるために用いられ、「上のテキスト」はクルアーンの文言が書かれていたが、途中で終えられているという。「下のテキスト」が書き換えられた理由は確定されていないが、文字の修正のため、または単に貴重な獣皮紙の再利用のためとも考えられている。このようにサナア写本の発見によって、イスラーム初期にクルアーンがいかに書き留められ、広められていったのかという疑問点の一端が解明されつつある。

「バーミンガム写本」は、二〇一五年にイギリスのバーミンガム大学が中東関連の写本のなかに古い二枚の獣皮紙を見つけたことで注目を集めた。イラクのモスル近郊で生まれたカルデア・カソリックの司祭が一九二〇年代に集めた写本コレクションに含まれており、これまで長く所蔵していたにもかかわらず、それが一体何なのか確認されないままであった。放射性炭素で年代を測定したところ、九五％以上の可能性で五六八年から六四五年の間に作成されたことが判明した。多くのメディアは世界最古のクルアーン写本の発見として報じた。ここには、クルアーンの一八章から二〇章の一部がヒジャージー体で書かれている。

ＢＢＣの報道を見ても、イギリスの研究者は、この写本の書き手がムハンマドの生前に生きていた可能性が高いと評価し、在英ムスリムもまた、この発見がムスリムの公式の編纂史に沿ったものだと喜んでいる[8]。カタールに拠点を置くアルジャジーラも同じ内容のことを伝えており[9]、ムスリムからも非ムスリムからも肯定的にとらえられる発見であるといえるだろう。

これら昨今の発見は、イスラームの最初期に写本が存在していたことを科学的に証明したため、ムスリムの公的な編纂史の信憑性が高められた。このことは、ムスリムの公的編纂史を否定する西洋学者の研究が見当違いであったこと、かつ、ムスリムの信仰を否定することなく学問的にクルアーン編纂史を追求することが可能だということを示唆している。こうした科学調査は、信仰の有無によることなく、一冊の重要な「書物」の誕生に関する真実が探求され得ることを証明したという意味で、画期的なものであるといえよう。

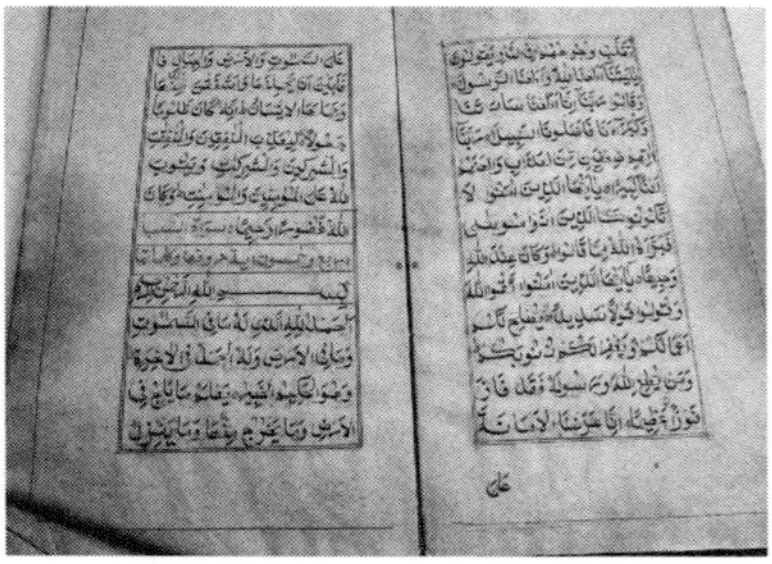

図６　手書きのクルアーン写本。ウズベキスタンのブハラで購入。店主によれば 180 年ほど前のもの（筆者所蔵）

書承媒体の変遷——写本から印刷、そしてデジタルへ

すでに述べたように、クルアーンは「口承」を主とする書物であるが、「書承」が始められたことで「書物」としての形態も発展していった。クルアーンが書き留められた書物は「ムスハフ」と呼ばれるが、これは「ページ（スフフ）がまとめられたもの」という意味とされる。ここからも口承の「クルアーン」と書承の「ムスハフ」は異なるものとする思考様式がうかがえる。

ムスリムの書物文化においても印刷技術は近代の大きな特徴の一つであるが、それ以前は手で文字を書き写す写本の時代であった。正統カリフ時代の後に成立したウマイヤ朝は、シリアのダマスカスを首都として当時の中東の先進文化にふれており、キリスト教やイランの影響を受けた装飾が写本に加えられていった。クルアーンの装飾の特徴は、今もそうであるが、生物画は描かれず、植物や幾何学柄をモチーフとしたものばかりで、挿絵も見られない。モスクの装飾と同じく、イスラームが偶像崇拝を禁止しているためといわれる。

字体は前述したヒジャージー体が最古のものとされるが、八〜九世紀にはクルアーンを書く際にはクーフィー体という太くて角張った書体が用いられるようになり、今も額縁に入れられたクルアーンの句がこの書体で書かれると、古色蒼然とした格の高さをかもしだすことになる。その後さまざまな文字種が創出され、アッバース朝の宰相で優れた書家でもあったイブン・ムクラ（八八六〜九四〇年）

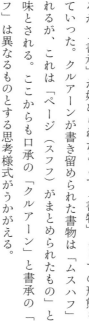

が、ナスフ体など六つの主要な書体を完成させた。

資材については、中国で発明された紙が使われた。製紙法は、七五一年のタラス河畔の戦いをきっかけに唐からイスラーム世界に伝えられたとされる。この戦いの捕虜のなかに唐の製紙職人がいたため、サマルカンド（現ウズベキスタン）の工場で紙を生産できるようになり、ここから製紙法が西方に広まっていったというのである。アッバース朝最盛期とされる第五代カリフ、ハールーン・ラシードの治世（在七八六〜八〇九年）にはカリフの政庁で紙が用いられ、急速に普及していった。紙は獣皮紙に比べると安価であるため、書物の値段が下がり、クルアーン写本も入手しやすくなり、様々な写本が流布するようになっていった（図6）。

印刷はヨーロッパから

しかし意外なことに、クルアーンの印刷が始められたのはヨーロッパにおいてである。初のアラビア語のクルアーンは、一五三七年から一五三八年にかけて、ヴェネツィアで印刷された。これはローマ法王の命令で破棄されたと考えられていたが、一九八〇年代にイタリアで発見されている。次いで一六九四年にハンブルグで印刷され、ラテン語の序がつけられていた。またロシアでは一七八七年に、エカテリーナ二世の援助によりサンクト・ペテルブルクにおいて印刷が始められ、版を重ねた。

一八三四年にはグスタフ・フリューゲルによる版がドイツで刊行され、標準エジプト版が広まるまで、欧米の研究者の間で用いられた。ただ、フリューゲル版は標準エジプト版と異なる章節番号をふっていた。井筒俊彦によるクルアーンの日本語訳も、このフリューゲル版を底本としていたため、改定版ではカイロ版の番号が加えられ、併記されている。

ムスリム地域でのクルアーン印刷は、ヨーロッパよりもずいぶん遅くに始められた。それは、ムスリムの間で印刷というもの対する抵抗感が強く存在したためであった。オスマン帝国ではスルタンなどの政治指導者や宗教指導者のみならず、写字生たちも職を失うことを恐れて印刷に反対した。しかし、一六世紀に入った頃からスルタンたちも宗教書以外の刊本をヨーロッパから輸入することを少しずつ認めるようになり、一八世紀前半には印刷を認めるファトワー（法学見解）がオスマン帝国最高位（シェイヒュル・イスラーム）にある学者より示された。

図７　ブーラーク版のクルアーン刊本。1925年に刊行された（筆者所蔵）

したがって、クルアーンの印刷がムスリム地域で活発になったのは、一九世紀以降のことである。イランでは一八一六年頃に印刷が始められた。インドではボンベイやカルカッタの印刷所で一八五〇年代に、トルコのイスタンブルでも一八七二年に印刷が始められている。東南アジアでもインドネシアのパレンバンで一八四八年に印刷が始められた。

なかでも、エジプト政府によるカイロでのクルアーン印刷事業はムスリム世界に大きな影響力をもった。エジプトでも宗教学者たち（ウラマー）による印刷への抵抗が示されたが、近代化を推進した君主として知られるムハンマド・アリー（在一八〇五～一八四八年）が、一八三三年にクルアーンの印刷を認めた。ただし、この版には間違いがあることがウラマーから指摘され、一八五〇年代に政府によって回収され、修正作業が行われた。その後一九二〇年代になると、ファード一世（在一九一七～一九三六年）の命によってカイロのブーラーク地区にある印刷所でクルアーンが印刷され、標準エジプト版（カイロ版）として広く流布し、現在にいたる（図7）。クルアーンには七つの誦み方が認められており、イブン・ムジャーヒド（八五九／八六〇～九三六年）が定めたとされる。この標準エジプト版は、八世紀にハフスが記録したクーファのアースィムの誦み方にしたがっている。

一九八〇年代には、サウディアラビア政府がメディナ近郊にキング・ファハド・聖クルアーン印刷総合施設をつくった。一五〇〇人もの学者や技術者が雇用され、年に一千万冊のクルアーンを印刷できるという。ここで印刷されたクルアーンは、メッカ巡礼者や世界各地のモスクやイスラーム学校に無料で配布されるため、世界中で目にすることが増えている。

このようにクルアーンの普及は、獣皮紙から紙に書かれるようになった後、印刷技術の導入という技術の革新によって促進されてきた。そこにはウラマーなどによる抵抗も存在したわけであるが、結果的に一般の信徒が直接クルアーンを読む機会を増やすことになった。そして多くの非ウラマーがクルアーンを自ら読み始めたことで、近代以前はウラマーに独占されていたクルアーン解釈が、それ以外の人々に開かれ、様々な立場からのアプローチが進み、イスラーム思想の現代的展開をもたらした。これについては第Ⅲ章で見ていきたい。

さらに現在のクルアーンは印刷された書物を超えつつあり、急速にデジタル化が進んでいる。数多くのインターネットのウェブサイトやアプリがあり、新しい媒体でクルアーンにアクセスすることが容易になっている。これらの利点は、読誦の音声も同時に聞くことができることである。現代の技術革新によってようやく、クルアーンは「口承」と「書承」を同時に再現する媒体を獲得したともいえるだろう。

3 異文化との邂逅――翻訳と受容

「翻訳」の是非

ムスリムにとってクルアーンは、アッラーが語った言葉そのものであり、「実に我々は、それをアラビア語のクルアーンとした。汝らが理解するために」(四三章三節) とあるように、アラビア語の優位性は高い。他宗教の聖典の多くが長い翻訳の歴史をもち、翻訳したものが儀礼などで用いられることに抵抗感が少ないのに比べると、この点は明らかである。例えばキリスト教の聖書はイエスが話したとされるアラム語で普及しているわけではないし、お経を釈迦が語ったとされるマガダ語で読まなければ、と思う日本人は皆無であろう。しかしムスリムはアラビア語を母語としなくても、ある程度はアラビア語でクルアーンを読誦するために暗記することに努めているのである。

そこで生じるのが、クルアーンを翻訳してよいのかどうか、または別言語にされたものはクルアーンといえるのかどうか、といった翻訳の是非をめぐる議論である。イギリス人ムスリム改宗者ムハンマド・マーマデューク・ピクソール (一八七五〜一九三六年) は、一九三〇年に『偉大なるコーランの意味』という英訳を刊行した (図8)。この書名には「意味」という用語が用いられ、これは「翻訳」ではないという意味が込められている。巻頭にはこうある。

コーランは翻訳され得ない。これは古めかしいイスラーム学者たちも余も信じていることである。この書はここでほとんど逐語的に示されており、適切な言葉を選ぶべくできる限りの努力がなされた。だができあがったものは、模倣できないほどの響きや人々を恍惚と涙させる声音をもつ『偉大なるコーラン』ではない。これは単にコーランの意味――そして恐らくその魅力のなにがしか――を英語で示そうと試みたものにすぎない。アラビア語のコーランの位置に取って代わることは決してあり得ず、もちろんそれを意図する気持ちも全くないのである。[10]

図８　ピクソールによる英訳書（筆者所蔵）

このような認識は現在も続いている。スンナ派で最も宗教的権威のあるアズハル機構から二〇〇五年に出されたファトワーでも、クルアーンの翻訳はクルアーンそのものでなく、元来の荘厳さを同じように感じることはできないと述べられている。ファトワーは「法学意見書」や「法学的判断」などと日本語で訳される。これは、信徒の質問に対してムフティーと呼ばれるイスラーム法学者が返答するアドバイスのようなものである。クルアーンの翻訳をめぐるファトワーが出される背景には、アラビア語を母語としないムスリムが特に欧米で急増し、翻訳でしかクルアーンを理解できないことに悩んでいる状況を反映している。これもまた、神の言葉そのものにふれたいと願うムスリムの意識の表れだといえるだろう。

　このように、クルアーンの神の言葉としての奇跡的な美しさ（アラビア語でイウジャーズ）は、人間に模倣できるものではなく、それはアラビア語のまま受け止めるしかないと考えられている。またクルアーンの口承性の重要性についてはこれまでもふれてきたが、ここでもその意識が顔を出している。ムスリムは、アラビア語の修辞的美しさの極みであるクルアーンを口に出して誦むことで、アッラーの偉大さを感得できると考えている。この意識が基層にあるため、クルアーンを他言語に移し替える「翻訳」に抵抗感をもち、今もなおアラビア語でクルアーンを読むことが望ましいと考えられている。歴史学者のアーネスト・ゲルナーは、「キリスト教には聖書という紐帯があるが、イスラームはクルアーンという紐帯そのものである」と述べ、南アフリカ共和国出身のムスリム学者ファリド・イサクもこの言葉に賛意を示しているが[11]、まさにアラビア語で神の言葉を読むことで、全世界のムスリムの統一感が強化されるのである。

とはいえ、歴史的に見てもイスラームがアラブ人以外に広まっていく過程で、「翻訳／解説」は必要不可欠であった。最初にクルアーンが訳されたのはペルシャ語で七世紀に、最初期の改宗者であったペルシャ人サルマーン（?～六五五／六五六年）が第一章を訳したという。さらに著名な学者タバリー（八三九～九二三年）がアラビア語で著したクルアーン注釈書『クルアーンの解釈における説明集成』が、一〇世紀にサーマーン朝君主のためにペルシャ語とさらにトルコ語に翻訳された。この時、元の注釈書に含まれていたクルアーンの原文もそれぞれの言語に訳されることになった。

西洋諸言語への翻訳

その後、イングランドの僧侶、ケットンのロバート（一一一〇～一一六〇年頃）が、最初のラテン語訳を一一四三年にスペインで完成させた。その頃、ムスリム勢力の支配下にあったスペインでは、レコンキスタ運動が盛んになっていた。カスティーリャ王国が一〇八五年に奪還したトレドは、ラテン世界におけるアラブ文明吸収の最前線でもあった。また第一回の十字軍遠征（一〇九六〜一〇九九年）が開始されており、西洋キリスト教世界とムスリム世界は直接対決を続け、ヨーロッパでは神学的にもイスラームに対抗しようとする意識が高まっていた。そのようななか、フランスのクリュニー修道院長の尊者ピエール（一〇九四頃〜一一五六年、ラテン名でペトルス・ウェネラービリス）が公用でスペインを旅し、イスラームへの関心を強めて、ケットンのロバートたちにクルアーンを翻訳させたのであった。

このクルアーンのラテン語訳は誤りが多く、正確な訳ではなく意味内容を伝えることに主眼があったとされるが、ヨーロッパの人々にクルアーンがどのようなものなのかを伝える契機になった意味は大きい。この翻訳書は、一五四三年にスイスのバーゼルで印刷された三巻からなるイスラームについての論集のなかの第一巻であった。ラテン語訳は他にもつくられたが、ケットンのロバート訳の影響は大きかった。最初のヨーロッパの自国語への訳は一五四七年のイタリア語であったが、それも主にこのラテン語訳に基づいていた。さらに一六一六年にはこのイタリア語訳がドイツ語に、一六四一年にはドイツ語訳がオランダ語に訳されている。

最も古いフランス語訳は一六四七年に刊行されたアンドレ・ドゥ・ライエ（一六六〇年没）の手によるものであった。彼は外交官としてエジプトやトルコに赴任してアラビア語やトルコ語を学んでおり、アラビア語のクルアーン注釈書も用いて、原文に近い翻訳を可能とした。一六四九年に刊行されたスコットランド生まれのアレクサンダー・ロス（一六五四年没）による英語訳や、オランダ語やドイツ語、ロシア語への訳もドゥ・ライエの仏訳に基づいていた。

一七三四年にイギリス人のジョージ・セイル（一七三六年没）がアラビア語からの英語訳を刊行すると、他のヨーロッパ言語訳もこれを参照し、広く用いられて一九世紀末まで影響力をもった。その後、英語訳は特に現在に至るまで多種多様なものが刊行されている。前にふれた、ピクソール訳も広く用いられた。さらにその四年後の一九三四年にインド学者アブドゥッラー・ユースフ・アリー（一八七二〜一九五一年）が刊行したものは、注も充実しており、携帯版もあるため現在に至るまで多く用いられている。クルアーン研究に大きな貢献を果たした学者リチャード・ベル（一八七六〜一九五二年）は、クルアーン編纂時の加筆修正を示すことを試みた翻訳書を一九三七年から一九三九年に二巻本で刊行した。これは当時の研究の成果を反映させようとした学究的試みである。

二〇〇四年にロンドン大学のアブドゥル・ハリームによって刊行された翻訳書は、ムスリムかつアカデミズムの研究者という双方の立場を併せもつ者の手による。また、特に現代的だといえる翻訳書は、イラン系アメリカ人女性のラレ・バフティヤルが二〇〇七年に刊行したものである。この訳書の特徴は女性の視点が反映されていることである。例えば論争の多い四章三四節に関して、行いの悪い女性がそれを諭しても改めなければ「打ってよい」という通常の訳を避け、「その者から去れ」と訳している。さらに二〇一五年には、サイイド・フセイン・ナスルが中心となり、多くのタフスィール（ムスリムによるクルアーン解釈書、後述）が引用された注釈の付く翻訳書が刊行された。今後、クルアーンを読む際の基本書の一つになるであろう。

アジア諸言語への翻訳

一七世紀には最初のマレー語訳が著されていたが、ムスリムによる翻訳の進展はやはりゆっくりしたものであった。イギリス勢力の影響が強まっていたインドで、近代化を求めた学者シャー・ワリーウッラー（一七〇三～一七六二年）が一七三七年にペルシャ語訳を完成させた。その後、彼の二人の息子がウルドゥー語訳を完成させている。ただし印刷されたのは翌世紀に入ってからである。二〇世紀前半には、ヨルバ語やスワヒリ語などアフリカの言語への訳に加え、日本語訳も一九二〇年に初めて刊行され、最初の中国語完訳も一九二七年に完成している。

最近になって初翻訳された言語としては、カンボジアの公用語クメール語と、この国の少数民族チャム人のチャム語があげられる。カンボジアは仏教国であるがチャム人はムスリムで、ベトナムにあったチャムパ王国滅亡後、カンボジアに移住してきた。一九七〇年代にはクメール・ルージュ（ポル・ポト派）による虐殺やイスラーム施設の破壊という迫害を受け、クルアーンもほとんど残らなかった。一九九〇年代にようやく復興が始まり、クウェートの支援によってチャム人が翻訳委員会をつくり、二〇〇一年に初めてクメール語とチャム語のクルアーン翻訳書を完成させたのであった。一九二〇年に初翻訳された日本に比べてもずいぶん遅いといえる。彼らは少数民族であるために、かつてはクメール語に訳す必要性は低く、またチャム語は主に話し言葉であるため翻訳しづらく、さらにクメール・ルージュによる迫害期が続いたため、翻訳がこれほどまでに遅くなってしまったと考えられる（詳しくは、拙著『チャムパ王国とイスラーム』を参照のこと）。

図9　日本語訳書。上は大川周明訳、下は坂本健一訳（筆者所蔵）

日本語への翻訳

日本では、これまでに一一点のクルアーン翻訳書が現れてきた（もう一冊が現在翻訳作業中である）。これらのうち二点は部分訳である。最初の翻訳は著述家の坂本健一（筆名は坂本蠡舟、一九三〇年没）によるものであったが、その後は研究者やムスリムによっていくつも刊行されてきた。依拠している版も当初は英語訳であったが、戦前には国策の一環として回教研究が深められたため、アラビア語原典にあたることができるようになった。井筒俊彦の訳書以降は、すべてアラビア語を読み込んだ上での翻訳となっている（図9）。

大川周明（一八八六～一九五七年）は戦前の右翼的思想家であり、「大東亜共栄圏」のイデオローグとして知られる。東京裁判で民間人として唯一、A級戦犯の容疑で起訴されたが、精神疾患のため途中で入院した。入院中に念願であったクルアーン翻訳に取り組み、それが『古蘭』として刊行されている。大川は、『古蘭』巻頭で次のようなことを述べている。自分はムスリムではなく、アラビア語の知識も貧弱であるため訳者としてふさわしくはない。だが大学で宗教学を学びイスラームに深甚な興味を持ち始め、これまで研究を続け、その精神をほぼ理解するに至った。入院することになって時間ができたため、昭和二一年初春にクルアーン翻訳を開始し、二三年初冬に終えた。翻訳にあたっては、漢英仏独語の訳本を参照したが、自分の翻訳が「完全なる和訳古蘭の出現」を促すものとなれば満足である、と。

東京帝国大学で宗教学を学んだ大川にとって、イスラームは生涯にわたっての関心の対象で、例えば『回教概論』を一九四二年に出版している。戦時中は反欧米意識からその関心が深められた側面もあるだろうが、クルアーンの翻訳は並大抵の労苦ではなく、イスラームそのものへの関心の強さをよく示しているといえる。井筒は戦前に大川と研究上の接点をもっており、大川が望んだ「完全なる和訳古蘭」を戦後に刊行したといえるかもしれない。井筒の翻訳書は、そのアラビア語やイスラームに関する学問的に深い理解に基づいた上で、日本語の言い回しの妙によってクルアーンの原音の魅力を伝えようとするもので、日本語クルアーン翻訳史において重要な位置を占めている。

さらに昨今の日本人ムスリムの増加に伴い、三田了一（一八九二～一九八三年）の訳以降は、ムスリムによる翻訳が続いているのが特徴である。三田はスンナ派の日本ムスリム協会第二代会長を務め、モハマッド・オウエース・小林淳（一九三一年～）はスンナ派から派生したアフマディーヤに属し、澤田達一はシーア派聖職者、中田考はエジプトのアズハル大学出身のムスリム学者という背景をもつ。今後も日本人ムスリムの学識と信仰心の深まりにともない、新しい翻訳がなされるであろう[12]（表1）。

西洋社会と日本社会での受容

異文化理解の契機は、良くも悪くも摩擦であることが多い。西洋における最初のクルアーン翻訳が端を発した場が、十字軍やレコンキスタという異文化接触を時代的背景として、アンダルシア（スペイン）というキリスト教世界とイスラーム世界の境界であったことは、すでに述べたとおりである。

表１　クルアーン日本語「翻訳」書一覧

刊行年	訳者名	書名	特色
1920（大正 12）	坂本健一	『コーラン経』	英語訳に依拠。
1938（昭和 13）	高橋五郎 有賀文八郎 （阿馬土）	『聖香蘭教　イスラム教典』	章順が変えられている。 有賀は改宗ムスリム。
1950（昭和 25）	大久保幸次	『コーラン研究』	一部のみ翻訳。訳者は回教圏研究所所属、1930–40 年代に機関紙『回教圏』に掲載。アラビア語原典参照。
1950（昭和 25）	大川周明	『古蘭』	訳者は思想家、宗教学者。欧米語訳やアラビア語原典参照。2009 年に復刻版『文語訳古蘭』が刊行。
1982（昭和 57）	アリ・安倍治夫	『日・亜・英対訳聖クルアーン』	訳者は改宗者。「朗誦に適する肝要な 38 章」のみ翻訳。
1957–58（昭和 32–33）	井筒俊彦	『コーラン』	訳者は宗教思想研究者。アラビア語原典に依拠し、アラビア語の注釈書も参照。改訳版は 1964 年刊行。
1970（昭和 45）	藤本勝次 伴康哉 池田修	『コーラン』	イスラームやアラビア語の研究者たちによる。2002 年に判型を変えて復刊。
1972（昭和 47）	三田了一	『日亜対訳・注解聖クルアーン』	改宗者。日本ムスリム協会より刊行。1982 年改定版。
1988（昭和 63）	モハマッド・オウェース・小林淳	『聖クルアーン』	アハマディア・ムスリム協会より刊行。
2013（平成 25）	澤田達一	『聖クルアーン日本語訳』	ムスリム改宗者。シーア派聖職者。
2014（平成 26）	中田考（監修） 中田香織 下村佳州紀	『日亜対訳　クルアーン』	ムスリム改宗者かつイスラーム研究者による翻訳。松山洋平による「訳解と正統十読誦注解」が付く。

特に西洋キリスト教世界は中東イスラーム世界と地理的に接近していたため、歴史的に政治や思想の面で対立が続き、今に至っている。このことは、クルアーンという聖典がどのように異文化に受け入れられてきたのかを考える時にもあてはまる。欧米と日本でのクルアーンの受容を比較すると、わかりやすいであろう。

二〇〇七年、アメリカ初のムスリム下院議員となったキース・エリソンは、就任式でクルアーンに手を置いて宣誓した。通常の宣誓ではキリスト教の聖書が用いられており、彼がこれを実現するまでには反発もあった。この宣誓の時に用いられたクルアーンは、第三代アメリカ大統領のトーマス・ジェファーソン（在一八〇一～一八〇九年）の所有品である。ジェファーソン大統領は独立宣言起草の数年前にクルアーンを購入しており、それが議会図書館に残されていた。彼はムスリムもユダヤ教徒も、信仰を理由に市民としての権利を奪われてはならないと述べていたという。一九世紀のアメリカ大統領が信仰の自由を考えるためにクルアーンを読み、それが現在のムスリム議員誕生に用いられたということは、この国のもつリベラルな側面をよく表している。

その後、アフリカ出身のムスリムを父とするバラク・オバマ（第四四代大統領、在二〇〇九～二〇一七年）が大統領選を戦っていた際、反対勢力のなかから、彼がムスリムであるはずだと主張して攻撃材料とする者が現れた。イスラームの教えでは、親がムスリムであるならば子どもも生まれた時からムスリムだとされるが、オバマ自身、自分はキリスト教徒として生きてきたと述べている。そして彼は大統領選に勝利し、エジプトのカイロ大学を訪れて平和と相互理解を説く演説を行い、この国の若者に好意的に評価された。この演説のなかで、自分の父親がムスリムであることや、ジェファーソン大統領のクルアーンを使って宣誓したムスリム議員のことに言及している。さらにはクルアーンが人を一人殺すことは全人類を殺すことに等しく、人の命を救ったものは全人類の命を救うことに等しいと述べていること（クルアーン五章三二節である）をとりあげて、平和を促進する教えだとイスラームを肯定的に評価している。

このように、西洋キリスト教世界でクルアーンは毀誉褒貶の対象となってきた。古い意識の中に否定的見解が根付いている一方で、リベラルを志向する者たちがクルアーンを理解しようと努めてきた。このような状況は、異なる宗教文化を背景とする西洋社会ではある意味で当然の反応であり、少なくともイスラームへの関心が低くないことを意味している。

対して日本社会のクルアーンへの関心は決して高くない。ただすでにふれたように、日本におけるムスリムの歴史はかなり短いにもかかわらず、翻訳書が継続的に刊行されてきたことは評価できるであろう。これは恐らく日本人の知識欲や出版文化の充実による成果といえる。さらに翻訳書に加えて、日本語で書かれた「コーラン／クルアーン」が書名に含まれる著作も少なからず刊行されてきた。管見の限りであるが、クルアーンやイスラームを明白に否定する立場で書かれているものは見当たらなかった。これは、西洋と違い、日本社会がイスラームと地理的にも思想的にも距離があったことにもよるであろう。

「コーラン／クルアーン」が書名に含まれる日本語の著作を大別すると、ムスリムによるイスラーム信仰論、クルアーンに関する学術書（翻訳書も含む）、クルアーンやイスラームに関する一般向け概説書、ムスリム諸国情勢の分析書、といった具合になるだろう。このなかで最後のカテゴリーの存在に日本的なクルアーン受容の特色が表れているかもしれない。例えばオイルショックによる日本での中東への関心の高まりを受けて、平島祥男『右手にコーラン　左手に石油』(ごま書房新社、一九八〇年)や吉村作治『日本人の知らないコーランの奇蹟――四億人を支配するムハンマドの預言書』(経済界、一九八三年)が出版された。後者を湾岸戦争後に加筆して刊行されたのが、吉村作治『聖戦の教典コーランの秘密――中東の明日を左右するアラブの大義とは』(ベストセラーズ、一九九一年)である。これらは内容としては石油戦略やビジネス、中東での戦争、ジハードといった問題をとりあげながら、日本人が中東イスラーム世界とどう付き合っていくことができるかを論じている。だがタイトルに「コーラン」とあるように、日本人にとってクルアーンは、激動の中東を背後で動かす教義であるかのような印象を与えるものなのであろう。そして、この感覚は現在の日本社会でも継続されている。石油によって裕福でありながら、クルアーンによって聖なる戦い(ジハード)を繰り返すムスリムたち、というイメージが未だ根強く見られるのである。

本章では、クルアーンが信仰の対象の書物として誕生したこと、それゆえにムスリムと非ムスリムの間にはその認識に大きな差があることを見てきた。しかし近代以降、研究や翻訳を通して、非ムスリムも偏見や誤解を交えつつ、この書物への知見を増していったのであった。次章では、その内容にふみ込んでいく。そこでは何がどのように語られているのか、そしてそれがムスリムにどのような影響を与えてきたのか。クルアーンがムスリムに与えるメッセージの原点を明らかにしてきたい。

Ⅱ　生の言葉による「説得」

1　生《なま》の言葉が訴えること

構成と文体

クルアーンの「あらすじ」を語ることは難しいが、その理由は大きく分けて二つあるだろう。構成・文体といった形式面での特殊性と、その言葉が生まれた背景の特殊性である。そしてもちろん、この二つは相関関係にある。

クルアーンは一一四章からなり、各章のなかは節に分けられる。各章の節の数は最も少なくて四節、最多で二八六節と長短に差が大きい。「章」はアラビア語で「スーラ」(原意は「列」「囲い」「文書」などとされるが不明)、「節」は「アーヤ」(徴)と呼ばれる。この章の順序はテーマ別でもなく、また年代別でもなく、全体を通しての物語のような明白な筋もない。さらにそれぞれの章にも統一的なテーマがあるようには見えにくい。例外といえるのが第一二章「ユースフ」で、聖書にも登場するヨセフの生涯が語られ、歴史物語として読むことができる。だがそれ以外の章は、ムハンマドの口から発された「生の言葉」のまとまりが断片的に並べられているかのように読める。ただ実際に断片の寄せ集めにすぎないのかどうかは学問的にも関心が集まっている点であり、本書でも後にふれたい。

クルアーンという「生の言葉」は、自らが述べていることが正しく、それ以外のことは間違っているということを、さまざまなレトリックを用いて繰り返し述べている。つまり、人々を「説得」しようと試みている。「説得」は、別の言葉では「警告」や「宣教」ということもできるだろう。ゆえにこの「説得」を受け入れる信仰心がない場合、ますますクルアーンを理解することは簡単でなくなってしまう。

クルアーンは退屈か？

イギリスのヴィクトリア朝時代に活躍した歴史家トーマス・カーライル（一七九五～一八八一年）が『英雄崇拝論』で述べた次の言葉は、クルアーンを評する時に頻繁に引用されてきた。その意味で、非ムスリムにとっての代表的なクルアーン評かもしれない。

予としては、予が試みた読書のうち、これほど厄介なものは嘗て無かったといわざるを得ぬ。粗笨、未熟にして退屈な紛乱せる混雑物。果てしなき重複、冗弁、錯乱。……義務の念からでなければ、到底欧州人はコーランの通読に堪えないであろう。[1]

カーライルは西洋世界で否定的にとらえられていたムハンマドを、「英雄」「偉人」「正純な預言者」として評価し直した。その影響は大きく、西洋世界のみならず、戦前の日本でもこの書の影響で、ムハンマドは英雄視されていた。そのようなカーライルでさえ、クルアーンがとりとめもなく不可解だとため息をついているのである。だが彼は次のようにクルアーンの本質を理解しようと試みている。

しかしながら、予をして云わしむれば、アラビア人がかくもコーランを賛美した所以は、不可解のことではなかった。……凡そ人の衷心より来る書物は、他人の衷心に達せずには措かぬもので……一切の技巧や、著作術などは、之に比すれば物の数ではない。コーランの根本的特質は、かくそれが純真な点、それが誠実の書たる点であろう。[2]

残念ながらこちらの個所は、前の個所に比べるとあまり引用されてきていない。前の箇所の方が、より共感を得やすかったということなのであろう。

現代の学者であり宗教者であるクリントン・ベネット（一九五五年〜）は、クルアーンの内容は明白で、理解するのは簡単だと述べている。彼はイギリス生まれのバプテスト派の牧師で、キリスト教徒とムスリムの関係に関する研究を多く著している。

クルアーンの述べていることの多く、いや大半は、明白で理解しやすいものである。それは、神は慈悲深く、慈悲を実践する者を愛すると述べている。……私たちが間違っているのは、クルアーンは聖なるもので私たちの理解は人間のものであるということを忘れて、私たちの理解を聖典であるかように［絶対視して］とらえてしまったことにある。[3]

つまりクルアーンを理解することが難しいと感じるのは、人間が聖なるものを自分なりの方法で理解しようとしているからであり、虚心坦懐にそれを読めば、理解は可能なのだという。

とはいえ正直なところ、日本人がクルアーンをすらすらと読めるかといえば、それはまず無理だろうといわざるを得ない。それは、クルアーンが「生の言葉」のまとまりの連続のように読めるからである。「生の言葉」は独特な修辞で語られ、人称が誰を指すかが明瞭でないこともあり、内容についても前提知識がないと意味不明なことが多い。さらにそのまとまりごとに話題が頻繁に変化するため、文脈をつかむことが難しい。筆者も自分でクルアーンを読もうとする意欲的な学生などに対して、「一読してわかる書物ではないので、苦労は覚悟した方がよい。できれば最後の章、つまり第一一四章からさかのぼって読んだ方がまだわかりやすいかもしれない」ということがある。その理由は、これからおいおい明らかになるだろう。

図1　第一章「ファーティハ」（右頁）と第二章冒頭（左頁）（筆者所蔵）

言葉の「まとまり」として読む

最初の章「ファーティハ（開端）」（図1）はこうである（括弧内は節番号）。

(1) 慈悲あまねく慈愛深きアッラーの御名において。
(2) 万有の主、アッラーに称讃あれ、
(3) 慈悲あまねく慈愛深き御方、
(4) 裁きの日の主宰者に。
(5) 我々はあなたに仕え、あなたに助けを求める。

(6) 我々をまっすぐな道に導きたまえ、
(7) あなたが恵みを下された人々、あなたの怒りを受けず迷っていない人々の道に。

この章はムスリムが最初に覚えるもので、日々の礼拝でも唱えられるなど、頻繁に口にされる。キリスト教徒の「主の祈り」に比されることもあるように、神への帰依を表明する重要な句である。ムハンマド自身が、クルアーンの中で最も大切な章だと述べたというハディースも伝えられている。構成上もクルアーンのなかで特殊な存在であり、前述したようにイブン・マスウードは、この章をクルアーンに含めていない。つまり、アッラーの言葉としてとらえていなかったのである。だが一般的にこの句は、アッラーが天使ジブリールを介して、ムハンマドに唱えるように伝えられたものとされる。いずれにしてもこの言葉のまとまりがクルアーン冒頭に置かれた理由は、その内容が導入としてふさわしいと考えられたからであろう。

最後から三番目の第一一二章「純正」にはこうある（第一章を例外として、「バスマラ」と呼ばれる冒頭句「慈悲あまねく慈愛深きアッラーの御名において」は節として数えない）。

慈悲あまねく慈愛深きアッラーの御名において。
(1) 言え、「彼はアッラー、唯一なる。
(2) アッラーは自存され、
(3) 御産みなさらず、御産れなさらず、

(4) 比べ得るもの何もない」と。

これは、よく知られたアッラーの唯一性を主張する短い章で、ムハンマドがメディナにヒジュラ（移住）する前のメッカ期に啓示されたと考えられている。第一節冒頭の「言え」は、クルアーン中に二〇〇箇所以上で見られるが、アッラーがムハンマドに何らかの言葉を口にするように命じている文脈にあり、その時の命令の言葉までもが伝えられているということを示している。

これら二つの章はそれぞれ一つのトピックをもっている。クルアーンの短い章では、トピックが一つであることが多い。しかし、長い章には複数のトピックが含められて、話題が頻繁に変わっていく。例えば第二章は二八六節からなる最長の章であるが、おおよそ次のように話題が変化していく。第一―二九節が信仰者の三分類、第三〇―一四一節がアーダム（アダム）から始まる預言者たちの歴史物語、第一四二―二四五節までが礼拝や食事など日常生活上の規定、第二四六―二六〇節が再びイーサー（イエス）などの預言者物語で、途中にはアッラーの偉大さを語る「玉座の節」（第二五五節）と「宗教に強制なし」（第二五六節）という有名な句が挟まれ、第二六一節からは再び施しや利子といった日常生活規定についてとなる。非ムスリムが疑問に思うのは、なぜこのように話題が変わっていくのか、ということである。啓示の編集意図がわからない限り、この疑問は解けないわけであるが、後に最新の研究成果を見ていくので、そこである程度納得できるかもしれない。

さらにクルアーンでは複数の章で類似の内容が述べられることもよく見られる。例えばクルアーンはイーサーについてまとまって言及しておらず、第三、四、五、九、一九、四三章などに言及が散らばっている。彼は処女の母マルヤム（マリア）から生まれ（一九章一六—二七節）、誕生直後に口をきいた（一九章二九—三三節）。救世主であるが（三章四五節）、神の子ではなく（九章三〇節）、死者を蘇らせ（三章四九節、五章一一〇節）、人々に教えを説いたが認められなかった（四三章五七—六五節）。ただ十字架にかけられたのはイエスではなかった（四章一五七節）。このように、クルアーンにおけるイエス理解は、優れた預言者ではあるが人間にすぎないというものである。これはムハンマドに対する理解と同じであり、神の唯一性を重視し、それに同位者や親族を認めない姿勢が貫かれている。

飲酒は完全に禁止？

類似の句が散らばっていることが、現実の問題と切実に関わる場合もある。例えば、イスラームがお酒を禁じていることはよく知られているが（ただしすべてのムスリムが全く飲まないわけではない）、これはクルアーンのいくつかの句による。二章二一九節では、お酒は「大きな罪ではあるが、人間のために益もある。だがその罪は益よりも大きい」とあり、ある程度は認められているように読める。第四章四三節の「信仰者よ、汝らが酔った時には、自分の言うことが理解できるようになるまで、礼拝に近づいてはならない」からは、礼拝前の飲酒が禁じられているようにも読める。だが第五章九〇節では、お酒は「忌み嫌われる悪魔の業であり、これを避けなさい」とあり、製造や売買も禁止されていると読める。解釈次第では、酩酊しなければ飲酒してもよいという寛容な見解や、反対に微量でもアルコール成分が含まれる食品や化粧品・薬品もすべて禁止すべきだ、という厳格な見解も成立する。こういった問題をクルアーンに立脚しつつ考えるのが、イスラーム法学（フィクフ）ということになる。

こういった内容の重複はクルアーン理解を複雑にさせており、現代的な感覚でいえば、編纂の時に調整すれば読者に親切であったようにも思われる。だがムハンマドの口から類似の言葉が何度も発せられたということは、その内容が重要であることを意味する。また、それらの言葉を編纂する際に、調整して一つにまとめるという作業をしなかったのは、やはり、これらを神の言葉そのものだと信じ、人間が手を加えることをよしとしなかったためであろう。クルアーン編纂の後、ムスリムの学者の間では伝統的に、「破棄する句（ナースィフ）」と「破棄される句（マンスーフ）」として、特定の句に優先性を与えることで、整合性をもって理解することが試みられてきた。

クルアーンの章構成

「神の生の言葉」のまとまりが集められて、次頁の表1にあるように、一一四の章（スーラ）からなる書物となったのが、今の「クルアーン」である。まずは節（アーヤ）の数に注目したい。第一章が全七節であるのに対して、第二章が二八六節、第三章も二〇〇節ある。第四章以降を見ると、増減はあるが全体として少しずつ数が減っているのがわかるだろう。第三七章を最後に一〇〇節を超える章はなく、第九十三章以降は二〇節以下となり、最後の一〇二章から一一四章は一〇節以下となっている。このようにクルアーンの章の並べ方は概ね長いものから短いものとなっているといえる。ただし第一章は例外的な章である。

次に啓示された時期についてであるが、これにも大まかな法則が存在している。この表で示した

「啓示期」は標準エジプト版のクルアーンにしたがっている。この分類には西洋のクルアーン研究者からもムスリム学者からも異論が出ているが、それでも約九〇の章がメッカ期、約二〇の章がメディナ期だと考えられている。また大まかにいって、新しい啓示から古い啓示という並べ方がなされている。第一章はここでも例外として、第二章以降の多くはメディナ期が続き、最後の章に近づくにつれてメッカ期のものが増えていく。ただしきちんと年代順に並べられているわけではなく、さらに各章のなかにもメッカ期とメディナ期のものが混ざっている場合もあり、どのような順序で下されたのかについては、ムスリム・非ムスリムどちらの学者の間でも議論が続いている。

表1で示した章題は、各章のテーマを象徴するものではなく、各章にある印象的な単語であることが多い。例えば第八章の題は「戦利品」であるが、これは冒頭に戦利品の分配に関する句があるためである。また第二〇章の題「ター・ハー」は、これは冒頭に「ター」と「ハー」というアラビア語のアルファベットが置かれているためである（この不思議なアルファベットについては後述する）。いくつかの題で呼ばれる章もある。例えば、第一章は「開端（ファーティハ）」とされるが、冒頭句「讃えあれアッラー」から「称賛（ハムド）」章と呼ばれることもある。第九六章も第二節にある言葉の「凝血」の他に、冒頭の言葉「誦め」という題で呼ばれることがある。

各章がどうしてそのようにまとめられたのか、なぜ一つの章のなかに、一見、バラバラなトピックがいくつも含まれ、話題が変わっていくのか、そして章の並べ方にはどのような意味があるのか、ということは長年の学問上の疑問であった。これまで非ムスリムの学者の間では、章内部の構成や章の並べ方に意義を見出さず、クルアーンには全体的統一性がなく、単なる部分的な言葉の寄せ集めだと

章	題 （ ）内は別訳	節数	啓示期
66	禁止	12	メディナ
67	大権（主権）	30	メッカ
68	筆	52	メッカ
69	真実の日（必然）	52	メッカ
70	天の階段（階段）	44	メッカ
71	ヌーフ	28	メッカ
72	ジン（妖霊）	28	メッカ
73	衣をかぶる者	20	メッカ
74	衣に包まる者（外衣を纏う者）	56	メッカ
75	復活	40	メッカ
76	人間	31	メディナ
77	送られるもの	50	メッカ
78	消息（知らせ）	40	メッカ
79	引き離す者	46	メッカ
80	眉をひそめた	42	メッカ
81	包み隠す	29	メッカ
82	裂ける時	19	メッカ
83	計量をごまかす者（量を減らす者）	36	メッカ
84	割れる時	25	メッカ
85	星座	22	メッカ
86	夜訪れるもの（夜空の星）	17	メッカ
87	至高者	19	メッカ
88	圧倒的事態（逃げ場のない日、隠蔽）	26	メッカ
89	暁	30	メッカ
90	町	20	メッカ
91	太陽	15	メッカ
92	夜	21	メッカ
93	朝	11	メッカ
94	胸を広げる	8	メッカ
95	無花果	8	メッカ
96	凝結	19	メッカ
97	定命（みいつ）	5	メッカ
98	明証	8	メディナ

章	題 （ ）内は別訳	節数	啓示期
99	地震	8	メディナ
100	進撃する馬（疾駆する馬）	11	メッカ
101	戸を叩く音（恐れ戦く、大打撃）	11	メッカ
102	蓄積（多寡の争い、持ち物自慢）	8	メッカ
103	時間（夕刻、夕暮れ）	3	メッカ
104	中傷者	9	メッカ
105	象	5	メッカ
106	クライシュ族	4	メッカ
107	慈善	7	メッカ
108	潤沢（豊潤）	3	メッカ
109	不信者たち	6	メッカ
110	援助	3	メディナ
111	棕櫚	5	メッカ
112	純正（真髄）	4	メッカ
113	黎明	5	メッカ
114	人々	6	メッカ

表1　クルアーンの章一覧（標準エジプト版による）

章	題　（　）内は別訳	節数	啓示期
1	開端（開扉）	7	メッカ
2	雌牛（牝牛）	286	メディナ
3	イムラーン家	200	メディナ
4	婦人（女性）	176	メディナ
5	食卓	120	メディナ
6	家畜	165	メッカ
7	高壁（胸壁）	206	メッカ
8	戦利品	75	メディナ
9	悔悟（改悛）	129	メディナ
10	ユーヌス	109	メッカ
11	フード	123	メッカ
12	ユースフ	111	メッカ
13	雷電（雷鳴）	43	メディナ
14	イブラーヒーム	52	メッカ
15	ヒジュルの民（アル＝ヒジュル）	99	メッカ
16	蜜蜂	128	メッカ
17	夜の旅	111	メッカ
18	洞窟	110	メッカ
19	マルヤム	98	メッカ
20	ター・ハー	135	メッカ
21	預言者	112	メッカ
22	巡礼	78	メディナ
23	信者たち	118	メッカ
24	御光	64	メディナ
25	識別	77	メッカ
26	詩人たち	227	メッカ
27	蟻	93	メッカ
28	物語	88	メッカ
29	蜘蛛	69	メッカ
30	ルーム（ビザンチン、ギリシア人）	60	メッカ
31	ルクマーン	34	メッカ
32	サジュダ（平伏、跪拝）	30	メッカ
33	部族連合	73	メディナ
34	サバア	54	メッカ
35	創造者（天使）	45	メッカ
36	ヤー・スィーン	83	メッカ
37	整列者	182	メッカ
38	サード	88	メッカ
39	集団（群れなす人々）	75	メッカ
40	赦す者（ガーフィル）	85	メッカ
41	解明（説明、フッスィラ）	54	メッカ
42	相談（シューラー、協議）	53	メッカ
43	装飾（金の装飾）	89	メッカ
44	煙（煙霧）	59	メッカ
45	跪く	37	メッカ
46	砂丘	35	メッカ
47	ムハンマド	38	メディナ
48	勝利	29	メディナ
49	部屋	18	メディナ
50	カーフ	45	メッカ
51	撒き散らすもの（吹き散らす風）	60	メッカ
52	山	49	メッカ
53	星	62	メッカ
54	月	55	メッカ
55	慈悲あまねき（慈悲あまねく者、慈悲ぶかいお方）	78	メディナ
56	出来事（来るべき日）	96	メッカ
57	鉄	29	メディナ
58	抗弁する女（異議を唱える女）	22	メディナ
59	集合（招集）	24	メディナ
60	試問される女	13	メディナ
61	戦列（隊列）	14	メディナ
62	合同礼拝（金曜礼拝、集会）	11	メディナ
63	偽善者	11	メディナ
64	騙し合い	18	メディナ
65	離婚	12	メディナ

考えられる傾向が強かった。だが昨今、クルアーンにおける章内部や章どうしの「ナズム（連携による内的一体性）」を解明する研究が、ムスリムの研究に基づきつつ非ムスリムからも出てきたことによって、これに対する一つの答えが生まれつつあるようだ。

このクルアーンのナズム研究は、インド亜大陸のムスリム学者ハミドッディン・アブドルハミド・アル＝ファアラヒ（一八六三〜一九三〇年）とその弟子のアミーン・アフサン・イスラーヒー（一九〇四〜一九九七年）が発展させた。最近ではロビンソンがこれらの研究を評価し、この後、カイパースやファリンの研究が発展的に続いたことはすでに述べた。これらの研究を通して、クルアーンの章の最後部の言葉やフレーズが、次の章の冒頭部の言葉やフレーズにつながっていることや、章の中央にある内容が最重要テーマであることが論じられるようになってきている。そしてもしそうであるならば、クルアーンは単なる言葉の断片の寄せ集めではなく、ある一定の秩序のなかで意図をもって構成されているということになる。

散文と韻文の間

クルアーンの文体は「押韻散文」とも呼ばれ、平たくいえば散文と韻文の中間のような特徴をもつ。ただし啓示の時期によって文体にも変化が生じる。メッカ期の節は短く韻をはっきりとふんでいるので、詩に近い印象を受ける。実際にサジュウ体というイスラーム以前の詩のような韻律をもつ句がメッカ期に多く、類似性が指摘されてきた。ムハンマドの時代は詩作が盛んであり、彼も周囲の非ムスリムから詩人であって預言者ではないと批判されていたが、クルアーンはムハンマドを詩人ではなく預言者だと述べている。

彼らは［ムハンマドから］、「アッラーの他に神はない」と告げられると、いつも傲慢になった。そして「狂った詩人のために、私たちの神々を捨てたりはしない」と言った。いや、彼は真理をもたらして預言者たちを確証する者なのである。（三七章三五―三七節）

六三頁で紹介した、アッラーの唯一性を訴える第一一二章「純正」全四節のアラビア語原文をカタカナで表記してみると、こうなる。

(1) クル　フワ　ッラーフ　アハド
(2) アッラーフ　ッ＝サマド
(3) ラム　ヤリド　ワ　ラム　ユーラド
(4) ワ　ラム　ヤクン　ラフ　クフワン　アハド

右に線を引いているすべての節の最後が「ーアド」の音で終えられ、韻をふんでいるため、読誦すると大変に美しく感じられる。

メッカ期の句はまた、「誓い」の句で始められることが多いのが特徴である。例えば、第九一章「太陽」は一五節からなるが、そのうち一―八節は誓いの言葉である。

(1) 太陽とその輝きに誓って
(2) それに従う時の月に誓って
(3) それを輝き現す時の昼に誓って
(4) それを覆う時の夜に誓って
(5) 天とそれを建てた御方に誓って
(6) 大地とそれを広げた御方に誓って
(7) 魂とそれを整えた御方に誓って
(8) それに邪心と畏怖を示唆した御方（に誓って）

この後、第九節から第一五節まで、ムハンマド以前にアラビア半島ヒジャーズ地方に住んでいたとされるサムードの民が、アッラーの使徒サーリフに従わずに滅ぼされたこと（後述）が語られている。この章は誓いの言葉が半分を占めるほどに多いが、これはクルアーンが声に出して語られ、人々が耳にした言葉であることをよく表している。これらの句は、太陽、月、昼、夜、天、地、人間の魂という天地の重要な事象を誓いの対象としており、聞き手は鮮烈なイメージを受ける。そしてこの誓いの句の後に述べられることが真実であるということが強調されるのである。この「誓って」のアラビア語は「ワ」であり、原文は「ワ」の繰り返しによる音の畳み掛けによって、聞く者の心を高揚させる独特な雰囲気がかもし出される。

ただ日本語で、いや非アラビア語で、このようなクルアーンの独特な語り口を伝えることは極めて困難である。アラビア語でそれを聞くことによってのみ、人は陶酔に近い感覚を得ることになる。これがクルアーンを翻訳することが不可能だとされる理由であるわけだが、日本語の翻訳書のなかでは、井筒俊彦による訳が、その原文のもつ語り口を再現することを試みている（他の訳はむしろ意味を的確に日本語化することを目指しているようである）。井筒自身、文語ではなく口語で翻訳することについて苦悩したようである。だが口語訳にすることで、原文のいかめしさは失われるが、実際の語り言葉の特徴を伝えられるのではないかとした後、こう述べている。

もし親切な読者があって、この口語訳を読みながら、同時にプラス・アルファとして一種の荘重味を想像裡におぎなって下さるなら、まず原文の持ち味がどんなものか分かって戴けると思う。[4]

二つの祈禱句の章

このように、クルアーンのアラビア語が古い文語で荘重な響きをもつということを考えると、日本語訳では大川周明の文語訳が近いともいえるだろう。そこで、第一章「ファーティハ」と並んで祈禱句としても重要な役割をもつ第一一三章「黎明」と第一一四章「人々」を、大川訳と井筒訳で見ておこう。

第一一三章「暁天」（大川訳）

大悲者・大慈者アㇽラーㇵの名によりて

(1) 言へ『吾は暁天の主に加護を求む

(2) 主が造る災厄に対して

(3) 黒闇加はる夜の災厄に対して

(4) 縭《むすびめ》を吹く女子の災厄に対して

(5) 並に嫉妬する嫉妬者の災厄に対して』

第一一三章「黎明」（井筒訳）

慈悲ふかく慈愛あまねきアッラーの御名において……

(1) 言え、「お縋り申す、黎明の主に、

(2) その創り給える悪を逃れて、

(3) 深々と更わたる夜の闇を逃れて。

(4) 結び目に息吹きかける老婆らの悪を逃れて、

(5) 妬み男の妬み心の悪を逃れて。

第一一四章「人類」（大川訳）

大悲者・大慈者アㇽラーㇵの名によりて

(1) 言へ『吾は人類の主

(2) 人類の王
(3) 人類の神に加護を求む
(4)(5) 人類の胸中に私語する陰険なる私語者の災厄に対して
(6) 並に幽鬼と人間の災厄に対して』

第一一四章「人々」(井筒訳)

慈悲ふかく慈愛あまねきアッラーの御名において……
(1) 言え、「お縋り申す、人間の主に、
(2) 人間の王者、
(3) 人間の神に。
(4) そっと隠れて私語《ささや》く者が、
(5) 妖霊《ジン》も私語く、人も私語く、
(6) その私語《ささやき》の悪をのがれて。

これらの二つの章は「ムアウウィザターニ」、つまり「悪からアッラーに助けを求める二句」とも呼ばれ、前述したようにイブン・マスウード版のクルアーンには含まれないなど、独立性が高い。内容は、この世にある悪しきものから、アッラーに助けを求めて縋ろうとする祈禱句である。ハディースによれば、ムハンマドが病気治療のためにこの二章を唱えたとされ、ゆえに今も病気治療などに効果がある章だと信じるムスリムがいる。また現在も、嫉妬の視線によって呪いを受けるという「邪

視」を信じるムスリムも少なくない。第一一三章五節に嫉妬心の強い男が言及されていることからも、この二章は邪視よけの効力があると信じられ、美しい文字で書かれて家に飾られることもある。

メディナ期の文体の特徴

メディナ期になると、詩的でダイナミックだったメッカ期の文体は、落ち着きを見せるようになり、一つの節も長いものになっていく。最も長い章は第二章で、二八六節もある。この章のなかにいくつもの話題が含まれていることについてはすでに述べた通りである。第二章に限らず、クルアーンの章構成はまとまりがないと考えられてきたが、ロビンソンはこの章の構成に一貫性があることを解明しようと試み、次のように論じている。

まずこの章の題は「雌牛」であるが、全体の内容を反映してはおらず、本章で登場するために便宜上付けられただけである。内容としてはちょうど章の真ん中にある第一四三節の「汝らを中正の共同体とする」が本章のテーマである。

第一セクションの第一―三九節はプロローグ的なもので、啓示や信仰、アーダム（アダム）について述べられている。第二セクションは第四〇―一二一節で、ムーサー（モーセ）やイーサー（イエス）など預言者の歴史物語にふれつつ、ユダヤ教徒やキリスト教徒が誤った道に入ってしまったことが語られる。第三セクションは第一二二―一五二節で、イブラーヒーム（アブラハム）から続く真の宗教を受け入れてムスリムになること、その共同体に入ることを訴えている。第四セクションの第一五三―二四二節は、新しくできたムスリム共同体の法的規定を扱う。第五セクションの第二四三―二八三節は、ムスリムはアッラーの道のために、生命と財産を投げうって奮闘努力するべきだ、ということが語られる。最後の三節二八四―二八六節は、総まとめ的なエピローグである。

このようにセクション、つまりトピックを分けることで、セクションどうしの関係性がわかりやすくなり、この章の最も主張したいことが次のように浮かびあがる。ムハンマドの主張はイブラーヒームやモーセの教えに続くものであり、イスラエルの子孫、つまりユダヤ教徒はその教えから遠ざかっているので、イスラームに帰依するべきである。そしてこの共同体に入り、その規定を守って良き信徒となり、さらには自らをアッラーのために奮闘努力させるべきである、と。このように理解すれば、章が一つのまとまりとして意味をもつと考えることが可能になるだろう。以上がロビンソンの分析である。

このように、章を一つのまとまりとしてとらえ、その意図を汲み上げようとする研究が近年増加し、成果を出している。そうすると今後、「クルアーンは支離滅裂で理解できない」という見解が払拭される日が来るかもしれない。

謎の残る分割された文字

第二〇章の題が「ター・ハー」であることはすでに述べたが、この章以外にもアルファベットのみの「分割文字（フルーフ・ムカッタアート）」で始まる章が二九ある（表2）。アラビア語のアルファベットは二八字あり、日本語の発音にはないものも少なくない。例えば「ター・ハー」の「ター」である「Ṭ」は日本語の「タ」よりも重い音になる。

表2　分割文字一覧

章番号	アラビア語表記	アルファベット表記	誦み方
2, 3	الم	ALM	アリフ　ラーム　ミーム
7	المص	ALMṢ	アリフ　ラーム　ミーム　サード
10–12	الر	ALR	アリフ　ラーム　ラー
13	المر	ALMR	アリフ　ラーム　ミーム ラー
14, 15	الر	ALR	アリフ　ラーム　ラー
19	كهيعص	KHY'AṢ	カーフ　ハー　ヤー　アイン　サード
20	طه	ṬH	ター　ハー
26	طسم	ṬSM	ター　スィーン　ミーム
27	طس	ṬS	ター　スィーン
28	طسم	ṬSM	ター　スィーン　ミーム
29–32	الم	ALM	アリフ　ラーム　ミーム
36	يس	YS	ヤー　スィーン
38	ص	Ṣ	サード
40, 41	حم	ḤM	ハー　ミーム
42	حم عسق	ḤM'ASQ	ハー　ミーム／アイン　スィーン　カーフ
43–46	حم	ḤM	ハー　ミーム
50	ق	Q	カーフ
68	ن	N	ヌーン

これらは「神秘文字」とも呼ばれ、ムスリムの間でいくつかの解釈がある。何かの意味を象徴しているという解釈もあり、その場合、例えば第六八章の「ヌーン」は光を意味する「ヌール（nūr）」を指すということになる。またはアルファベットには数的な意味があるという解釈も存在する。いずれにしても「不明瞭な句（ムタシャービハート）」に属すアッラーの言葉だと考えられている。他方、西洋の研究によれば、クルアーン編纂の時に付けた符号ではないかという説もあり、そうだとすれば、クルアーンの文言ではないということになる。

頻繁に変化する人称

またクルアーンの文体を難解にしている原因は、人称の用法にもある。アッラーは「我々」と一人称複数で称されることが多いが、「我」や「彼」になる場合もある。一人称になる理由は、クルアーンがアッラーがムハンマドに語りかけている言葉そのものとされていることから理解できるだろう。しかしそれが複数になる理由は非ムスリムにとっては不可解かもしれない。これはムスリムの間ではアッラーの偉大さを強調するための用法だと理解される。さらにこの人称が、次のように突然変化する点もクルアーン理解を難しくしている。（以下の引用の右線は筆者による）。

アッラーこそが風を送られた御方で、それは雲を起こす。我々はそれを死んだ土地に追いやり、それで大地を死の後に甦らせた。復活もこのようである。（三五章九節）

我が訓戒から背いた者、実にその者には窮屈な人生があり、復活の日に我々は彼を盲目にして集める。（二〇章一二四節）

ロビンソンは、三人称単数の場合は人類へのメッセージであり、一人称複数だと神がその偉大さを強調し、一人称単数だとその唯一性を強調している、と考えている。つまり人称が突然変化する理由は、発話者の意図の変化によるのである。

井筒俊彦のクルアーン研究の意義

昨今、クルアーン研究は新しい段階に入っているといえる。ロビンソンの学説がインド亜大陸のムスリム学者の学説を発展させたということからうかがえるように、これはムスリムの視点に近いクルアーン理解、つまり、ムスリムと非ムスリムの双方の立場から検討可能なアプローチということである。すでに両サイドが対立してきた経緯についてはふれたが、それが変わりつつあるということでもある。ただし両サイドには決定的に異なる点が存在し、これはなかなかにゆずれない。章構成の在り方はムスリムにとってはアッラーの意図に、非ムスリムにとっては編纂時の人間の意図によるのである。このように、ムスリムか非ムスリムかによって心の内面におけるクルアーンの解釈が全く違ってくる状況は、信仰が存在する限り変わらないであろう。

とはいえ、両サイドからクルアーン研究を協働して進めていくことが、昨今のグローバル世界で求められる方向性であろう。そのためには、「編者は誰か」「作者は誰か」という問題をあえて脇に置いておくことが一つの方法だと考えられる。その好例としてあげることができるのが、国内外で活躍した宗教思想学者、井筒俊彦(一九一四〜一九九三年)のクルアーン研究で、本書でもクルアーンの訳者としてふれてきた。彼の研究業績の多くは英語で書かれたが、クルアーン研究に関する日本語のものとして、『意味の構造――コーランにおける宗教道徳概念の分析』(中央公論社、一九九二年/慶應義塾大学出版会、二〇一五年)や『コーランを読む』がある(『コーランを読む』は一般向けの日本語講義が基となっており、読みやすいが奥は深く、本書でも引用している)。彼のクルアーン研究は、言語学の意味論を土台にそのテクストを分析することで、言葉の「意味の場」に焦点を当てることを可能とした。そのため、話者(作者)や歴史的文脈に大きく踏み込むことなく、つまり時空にはめこむことなく、クルアーン内部の意識を言語の側面から鮮やかに解明したのである。こうしたアプローチは、西洋の研究者からもムスリムの研究者からも高い評価を得ている。

さらにいえば、彼が日本人であることも、ムスリムからの抵抗が少ない理由であろう。井筒のクルアーン研究書はトルコ語にも訳されているが、現時点まで大きな批判はなく、積極的に受け入れられてきた。その大きな理由として、トルコ出身のイスラーム研究者イスマイル・アルバイラクは、二〇一二年の論文で「彼は西洋人ではなく、オリエンタリスト的な偏見だとして批判されることがないからだ」と述べている。もちろん高い評価の理由はこれだけではなく、この論文の議論の中心もその研究の意義についてではある。だが、研究そのものに偏見がないという前提でムスリム知識人に読まれ得るのは、やはり日本人という立ち位置のメリットだといえるだろう。アルバイラクの論文は、国際的に権威のあるイギリスの学術誌『クルアーン学ジャーナル』が井筒俊彦を特集をした号に掲載されている。現在もなお、彼の研究に関心が集まっていることの証左であろう。

このような井筒のクルアーン研究の評価を翻せば、西洋の研究者が行うクルアーンを時空にはめこむ立場の研究を、ムスリムが認めることは困難だということである。クルアーンを七世紀前後のアラビア半島周辺の文学的伝統のなかにはめこみ、人間の編者の意図を解明するということは、ムスリムの間で、神の言葉としての超越性をないがしろにしているかのように受けとられやすい。

ムスリム側からの学問的アプローチ

近年のムスリム社会を見ても、西洋的な研究手法を学んだ学者による研究が社会問題化したことが何度かある。クルアーンを神の言葉として認めた上でのことではあるが、特定の時空にある文学作品に対するのと同様のアプローチを用いて、クルアーンを理解しようとしたためであった。

図２　アズハル大学（筆者撮影）

エジプトでは一九二〇年代に、著名な作家でカイロ大学教授でもあったターハー・フサイン（一八八九～一九七三年）が、その著作『ジャーヒリーヤ時代の詩について』（一九二六年）の内容により、アズハル機構より非難されている（図2）。クルアーン二章一二五―一二八節にイブラーヒーム（アブラハム）とイスマーイール（イシュマエル）がカアバ神殿を建立したとあるが、フサインはこれに疑問を示していたためである。彼はこの書ゆえに訴訟沙汰に巻き込まれ、カイロ大学の職を失うことになった（この書は、高井清仁訳『イスラム黎明期の詩について』として日本語に翻訳されている）。

その後、同じくエジプトで、ムハンマド・アフマド・ハラファッラー（一九一六～一九九八年）が一九四七年にフアード一世大学（現カイロ大学）に提出した博士論文『偉大なるクルアーンにおける物語の芸術性』が問題となった。この論文は、クルアーンに登場するムハンマド以前の預言者たちに関する内容は、歴史的事実ではなく文学的、かつ芸術的なものであると主張していた。この論文は保守層の反発を受け、彼もまたカイロ大学を去らざるを得なくなったのである。さらに最近では、カイロ大学の教員であったナスル・アブー・ザイド（一九四三～二〇一〇年）が、クルアーンを解釈するには、そのテクストと言語の歴史性を重視すべきだと主張した。一九九〇年代に彼の研究内容はエジプトで法廷騒動にまで発展し、異教徒だと非難され、オランダに亡命を余儀なくされている（ちなみに一九八〇年代には大阪外語大学、現在の大阪大学で教鞭をとっていた）。

他方、同じくクルアーンというテクストの歴史性を主張したソルボンヌ大学教授のムハンマド・アルクーン（一九二八〜二〇一〇年）は、アルジェリア出身ではあるがフランスで活動し発言したため、大きな反発はなかったとされる。彼はハラファッラーの研究を高く評価していたようで、ヨーロッパにいなければ異なる社会的反響を得ていたかもしれない。

これらはムスリム側から生まれた、クルアーン研究の近代化である。アブー・ザイドは「テクストとは文化と歴史の産物である」と述べたが、一般的にこれに疑問を挟む者は多くはないだろう。今後このようなアプローチがムスリム社会のなかでどのように受けとめられていくかは、社会そのものの状況に応じて変わっていくと考えられる。クルアーンという書物はその研究アプローチの如何によって、ムスリム社会では大きな問題になるほどの重大な存在だということが、この一連の経緯からも明らかである。それは聖典をもつ社会に共通する葛藤ではあるが、神の言葉そのものとされる書物をもつムスリム社会においては、その葛藤は極めて根深いものとなっている。

このように、クルアーンの解明は一筋縄ではいかない。伝統的なムスリムの視点においては、クルアーンには人間には理解し得ない句があるということへの合意がある。なにより、クルアーン自身がはっきりと、そこには明瞭な句（ムフカマート）と不明瞭な句（ムタシャービハート）があると述べている。

彼［＝アッラー］こそは、この啓典を汝に下される御方。そのなかの節には明解なもの（ムフカマート）があり、啓典の根幹であるが、他は不明瞭なもの（ムタシャービハート）である。そこで心の邪悪な者は不明瞭なものにとらわれ、対立をねらって勝手な解釈をしようとする。だがアッラー以外にそれを知る者はいない。知識の堅固な者は「我々はこれを信じる。これらすべては主からである」と言う。だが思慮ある者以外は考慮しない。（三章七節）

明瞭な句は法学的な日常生活の規定に関するもの、不明瞭な句はアッラーの属性などに関するものともされる。このように、ムスリムにとってもクルアーンにはわかりづらい句があり、究極的にはアッラーしかその真の意味を知り得ない。だが少しでも神意に近づこうとするのが信仰ある者たちの願いであり、その努力はクルアーン解釈（タフスィール）という学問分野の長い歴史の積み重ねとなって今に至る。これについては次の第Ⅲ章で述べることにしたい。

クルアーンの主要なテーマ

本章冒頭で、クルアーンには明白な「あらすじ」がないと述べたが、いくつかの主要なテーマがあり、それらについての「言葉のまとまり」がクルアーン全体に散らばっている。主要テーマも文体と同様に、メッカ期からメディナ期にかけて変化していく。メッカ期の内容は、勢いのある文体と連携するかのように、切迫したものが多い。これまでも見てきたように、神は唯一であるとして多神信仰を批判し、ムハンマドがその使徒であると主張、さらに、すぐにこの世の終末が来て人々は裁かれると警告する句が啓示されることが多かった。

だが、メディナ期ではこれらのトピックについても深められ、アッラーという存在の様相や、来世での天国や地獄について詳細な描写がなされるようになる。さらにメディナ期では、モーセやイエスなどのムハンマドに先行する預言者たちについての詳しい物語や、ムスリムの家族や共同体のあるべき姿についての規定が大幅に増えていく。先行預言者とは、アブラハムやモーセ、イエスといった聖書に登場する重要人物であるが、これらの句が増えた背景には、メディナにユダヤ教徒が多かったことから、彼らを念頭においた言葉が必要になったとも考えられる。家族や共同体のあり方についての規定は、イスラーム法の基盤となるものであるが、ムハンマド自身がメディナの指導者となったため、そのような言葉が求められたのであろう。具体的なトピックは、結婚、離婚、遺産、礼拝、断食、飲食、戦闘、ジハードなどである。

このように、クルアーンの句の時期による変遷がムハンマド自身の状況の変化を反映したものと考えるのは、非ムスリムにとっては自然なことであろう。メッカ期では、彼の主張は周囲に受け入られず、迫害を受け、心身共に危機的な状態にあった。しかしメディナ期ではムスリム共同体を率いる指導者として認められ、責任感と自己肯定感が強まっていったと考えられるのである。だがムスリムは、アッラーがムハンマドの状況に応じた啓示を下した結果がこの変遷である、と理解していることにも留意しておきたい。

では、クルアーンの主要なテーマとはどのようなものであろうか。例えばパキスタン出身でシカゴ大学などで教鞭をとったファズルル・ラフマーン（一九一九～一九八八年）の『クルアーンの主要テーマ』（初版一九八〇年）によれば、神、個人としての人間、社会のなかの人間、自然、預言者性と啓示、終末、悪魔と悪、ムスリム共同体の出現、となる。オーストラリアの大学で教鞭をとり、クルアーン研究書も多いアブドゥッラー・サイードも『クルアーン　その入門』(二〇〇八年) で主要テーマを、神、霊的存在、悪魔、創造、先行預言者、信仰と他宗教、当時の歴史的出来事、来世、人間の行動、に分類している。

そこで本書では、クルアーンで語られている主な内容を、神・霊的存在・人 (預言者たちやムハンマド) といった諸存在と、創造・現世・終末・来世という世界全体の時間の流れとに、大きく二分してみたい。こうすれば、難解とされるクルアーンの世界に段階を追いながら、迫っていくことができるであろう。そしてここでは前者に、つまり、神、天使や悪魔、預言者たちやムハンマド、彼の周囲の人々といったクルアーンに登場する存在・人物に焦点をあてる。舞台の登場「人物」をまず把握することで、クルアーンの理解を試みていきたい。そして後者については、次の章で扱っていく。

唯一神アッラー

神は周知のとおり「アッラー」と呼ばれるが、これは神を意味する「イラーフ (ilāh)」に定冠詞の「アル (al)」を付けたもので、まさしく「神」という意味になる。よって、アラブ人ならばキリスト教徒でも神のことを「アッラー」と呼ぶことになる。イスラームの教えは「六信」と呼ばれる信仰箇条でまとめられるが、それは「アッラー」、「天使」、「使徒」、「啓典」、「来世」、「定命」を信じることである。

アッラーは絶対的な唯一神であり、この状態はアラビア語で「タウヒード (単一化、または単一性)」という用語で表現される。すべてのことが可能で、すべてのことを知る、全知全能の存在であり、この世の事象はすべてアッラーの一存のもとにある、という意味である。次の句は、特に最後の箇所から「玉座の節」としてよく知られるものである。

アッラー、彼の他に神はなく、生きて永遠なる御方。仮眠も熟睡も彼をとらえない。天地にあるすべては、彼のもの。彼の許しなく、誰がその御許で執り成すことができようか。彼は人間の前のことも後のことも知る。彼が望むこと以外、その知識について得ることはない。その玉座はすべての天地を覆い広がり、それらを守り疲れも覚えない。彼は至高にして至大である。（二章二五五節）

また、アッラー自身も単一の存在であるとされる。すでに引用した第一一二章「純正」では、アッラーは「御産みなさらず、御産れなさらず、比べ得るもの何もない」と描写されていた。これはアッラーには子も父もなく、またその他の神も何もない、ただアッラーのみが神だという意味である。ここから仏教やギリシア神話的な多神崇拝や、キリスト教の三位一体説も否定されることになる。

アッラーに［他の神を］同等に配してはならない。それを配するのは、大変な不義である。（三一章一三節）

アッラー以外に同等の神的存在を認めることは、「シルク（多神崇拝）」と呼ばれ、大罪だとされる。

例えば、筆者がカンボジアのムスリムであるチャム人の呪術師を調査していた際のことであるが、彼らは自分たちの行為が「シルク」ではないと主張していた。それは彼らが、「シャイターン（悪魔）」や「ジン（幽精）」の力に頼っていないからだといっていた。つまり彼らの意識では、アッラー以外のこれらの霊的存在を頼むことは「多神崇拝」であるが、自分たちはそうではないという正当化の論理なのである。ただ実際には、呪術や占いそのものが「シルク」とされることが多い。

ムハンマド時代のメッカ社会が多くの神の偶像を崇拝していることは第I章で述べた。クルアーンで批判の対象となっているのは、一義的にはこのメッカの人々の信仰であった。

彼らは船の上にいる時は、アッラーに信心をつくして祈るが、陸に上がればすぐにアッラーに［他の神を］配す。（二九章六五節）

そして彼らはアッラーをさしおいて、彼らに害も益も与えないもの［＝偶像神］を崇め、「これらはアッラーの御許で我々を執り成してくださる」と言う。言え、「お前たちは天でも地でもアッラーが知り給わないことを彼に告げようというのか。讃えあれ、彼は彼らが配するものを超越しはるかに高い」と。（一〇章一八節）

ムハンマドの頃のメッカの人々は多くの神を信じており、そのなかではアッラーが最高神で、その下位に多くの偶像神がいるとされた。クルアーンはこの伝統的な多神信仰を捨てて、アッラーのみを信じるよう、人々を説得しようとしている。そのために、アッラーがいかに優れた神であるのかを繰り返し説いているのである。
クルアーンである程度、その具体的な様相が描かれている。

審判の日に彼［＝アッラー］は、大地すべてを一握りにして、その右手に諸天を巻かれる。（三九章六七節）

またアッラーとともに他のどのような神にも祈ってはならない。彼の他には神はない。彼の御顔の他はすべて消滅する。（二八章八八節）

実にアッラーは、すべてを聞き、見る。（四章五八節）

慈悲あまねき御方は、玉座に座す。（二〇章五節）

しかし、かつて神学者の間でこういった句をどのように解釈すべきなのか議論が引き起こされた。ムウタズィラ派は、アッラーのタウヒード性を極限まで突き詰めて理解し、アッラーには本質しかなく属性はないと考えた。ゆえに擬人神観、つまりアッラーを人のように理解することを否定した。そこで彼らは、「手」は「力」、「玉座に座る」とは「支配する」という意味だと比喩的にとらえようとした。しかし特に一般の信徒にとって、そのような抽象的な理解ではアッラーについて具体的なイメージを持つことは難しい。そこでスンナ派神学の主流派であるアシュアリー派は、アッラーの本質も属性もそもそも人間とは別次元のものであり、それらを否定する必要はないと主張したのであった。

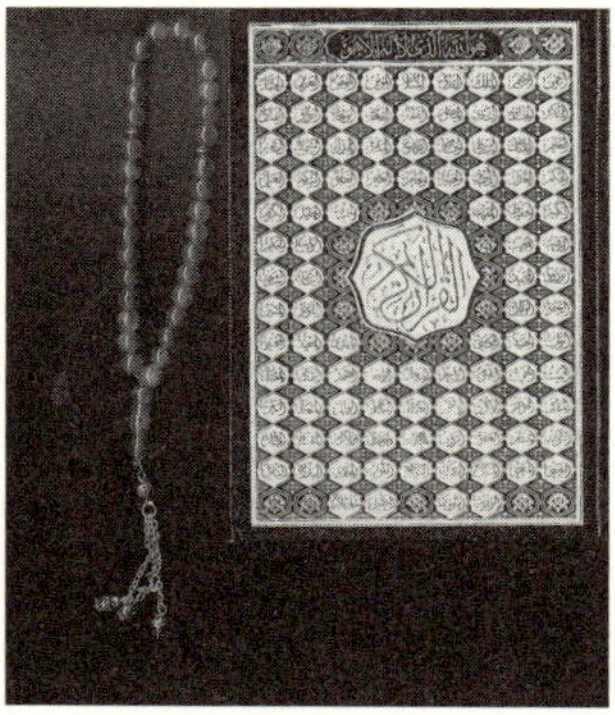

図3　クルアーンの表紙にある円の中に美称が書かれている。左側にあるのが数珠（筆者所蔵）

九九の美称をもつ神

アッラーは九九の美称（アスマー・フスナー）をもつとされ、ほぼすべてがクルアーンで言及されている。例えば、「ラフマーン（慈愛あまねき）」と「ラヒーム（慈悲深き）」は頻繁に用いられる美称で、バスマラと呼ばれる「慈愛あまねく慈愛深きアッラーの御名によって」という決まり文句となっている。この句はほぼすべてのクルアーンの章の冒頭で唱えられる他、ムスリムが何か物事を始める時に唱えられ、例えば手紙の冒頭にも書かれたりする。他にも「ガッファール」（赦す者、四〇章四二節）、「カーディル」（全能なる者、六章六五節）、「ワーリー」（統治する者、一三章一一節）など、アッラーのもつ特性を描写する称号がある。これらの美称や前述の属性をアッラーに認めない神学派ジャフム派もあったが、「彼には美しい名がある。それで呼びかけよ」（七章一八〇節）とあるように、これらの名によってムスリムはその具体性を身近に感じられるのである。今もムスリムが数珠（スブハ、ミスバハ）を手に、玉を一つずつ繰りながら美称を唱えることがあるが、玉の数は九九個や三三個となっていて、九九の美称を数えやすいようになっている（図3）。

彼こそはアッラー。創造者、造物者、造形者。最も美しい名は彼のものである。天地のすべては

彼を讃える。実に彼は威力ならびなく英明な御方。（五九章二四節）

天使や悪魔、ジン

アッラーがあまりにも人間から超越しているためであろうか、人と神をつなぐものとして天使の存在が認められ、これを信じることも「六信」の一つとされる。天使たちは光から創造され、常にアッラーに従うとされる。イスラームの天使は、日本でしばしば見られる、赤ちゃんのイメージではない。細密画（ミニアチュール）に描かれた姿は青年のようである。彼らはそれぞれ役割をもつとされ、これまで何度も言及してきたジブリール（ガブリエル）はムハンマドに啓示を伝えた重要な天使である。他にクルアーンで言及される名前はミーカーイール（ミカエル、二章九八節）だけであるが、伝承によれば、終末の日にラッパを鳴らすイスラーフィール（セラピムか）や、死の天使イズラーイールなど多くの天使がいるとされる。

さらにはジンもクルアーンに登場する。これは煙のない炎から創造されたとされ、自由意志をもち、アッラーの意志に従う場合もあればそうでない場合もある。そのため人間に近い存在としてクルアーンでも言及される。

我［＝アッラー］がジンと人間を創造したのは、ただ崇めさせるため。我は彼らに糧など求めず、また養われることも求めない。（五一章五六―五七節）

ジンは『アラビアン・ナイト』やそれをモチーフにした映画などに登場するジーニーとして知られているかもしれない。「アラジンと魔法のランプ」の物語ではランプの精（魔人）として、その持主の望みをかなえる重要な役割を果たしている。

対して悪魔（シャイターン）は、邪悪さと不服従の象徴的存在としてクルアーンに登場する。代表例がイブリースである。クルアーンのいくつかの個所で書かれているが、例えば第二章三〇―三六節にはこうある。アッラーは天使たちの反対をおしきって、地上に代理人を創造した。その最初の人間がアーダムで、彼にすべての事柄の名前を教え、天使たちに彼に跪拝するよう命じた。すると天使たちはその命令に従ったが、そのなかにいたイブリースは拒否した。そしてアーダムとその妻をそそのかし、アッラーに禁じられた楽園の木の実を食べさせ、二人は地上に落ちていった、と。

その後も悪魔は人間を迷わせる存在として描写されている。

アーダムの子孫よ、悪魔を崇めてはならない、と我は汝らと契約しなかったか。彼は汝らの公然たる敵である。汝らは我を崇めよ。これこそが真っすぐな道である。実に彼は汝らの大半を迷わせた。なぜ汝らは悟らなかったのか。これは汝らに約束されていた地獄である。（三六章六〇―六三節）

ムハンマド以前の預言者たち

クルアーンにはムハンマド以前の預言者たちが数多く言及され、全体の五分の一の分量を占めるほどである。イスラームの「六信」の一つに「使徒」の存在を信じることが含まれ、ムスリムにとっては基本信条である。表3にあるように、クルアーンでは二五人の預言者が言及されていると考えられ、アーダムから始まりムハンマドで終わる、イスラームの人類史観を貫く柱のようなものだといえる。

言え。「我々は信じる。アッラーを、我々のもとに下されたもの［＝クルアーン］を、イブラーヒームやイスマーイール、イスハーク、ヤアクーブ、［イスラエルの］諸支族に啓示されたもの、ムーサーやイーサーに与えられたもの［＝聖書］を」と。（二章一三六節）

実に我々［＝アッラー］は、汝［＝ムハンマド］に啓示した。ヌーフやその後の預言者たちに啓示したように。イブラーヒームやイスマーイール、イスハーク、ヤアクーブ、［イスラエルの］諸支族、イーサー、アイユーブ、ユーヌス、ハールーン、スレイマーンにも我々は啓示した。また我々はダーウードに詩篇を与えた……。そしてアッラーはムーサーに直接語りかけた。（四章一六三—一六四節）

イスラームの信仰において「預言者（ナビー）」と「使徒（ラスール）」は、厳密にいえば異なる意味をもつとされる。「預言者」も「使徒」もアッラーから啓示を与えられているが、「預言者」はそれを人々に伝えることを務めとはせず、「使徒」はそれを務めとする。つまり、「使徒」は「預言者」のなかでもごく少数の特別な使命を与えられた人々ということになる。一二万四千人の預言者がいて、そのうち三三〇人が使徒だという伝承もあり、クルアーンは各共同体に使徒が遣わされたと述べている。

表３　主な預言者たち[5]

アラビア語名 (一般的に知られる名)	特徴
アーダム (アダム)	最初の人類。泥から創造。悪魔に誘惑され永遠の木の実を食べ、妻と楽園から追放された。後に悔い改めてアッラーに許された。
ヌーフ (ノア)	アッラーからの教えを説いたが、受け入れられなかった。人々への罰として天からの水によって洪水が起こったが、アッラーによって板と釘でできたものに乗せられて救われた。
フード (—)	アラブ人の「アードの民」に遣わされた。この民は背が高く、「柱がそびえたつイラム」という都市に住み、大きな建造物を建てて傲慢になっていた。民はフードが伝えたアッラーからの教えを受け入れず、雷や暴風雨で滅ぼされた。
サーリフ (—)	アラブ人の「サムードの民」に遣わされた。この民は平地に宮殿を建てていた。長老は彼を受け入れず、アッラーからの徴である雌ラクダを殺し、サーリフやその家族の殺害を計画する者も現れ、人々は大地震によって滅ぼされた。
イブラーヒーム (アブラハム)	「ハニーフ（純粋一神教徒）」。先祖伝来の多神偶像崇拝を批判し、アッラーのみを信じるよう説いたが、拒まれた。迫害され、炎で焼かれそうになるが、アッラーの命で火が冷たくなり、救われる。郷里を出てメッカに至り、カアバ神殿を建立。
イスマーイール (イシュマエル)	イブラーヒームの長男。アラブ人の祖。よく耐え忍び、礼拝と喜捨を人々に命じ、アッラーに愛された。父とともにカアバ神殿を建立。旧約聖書とは異なり、イスハーク（イサク）ではなく彼が父によって神に犠牲に捧げられそうになったと解釈される。
イスハーク (イサク)	イブラーヒームの次男。ユダヤ人の祖。
ヤアクーブ (ヤコブ)	イスハークの息子。息子ユースフを溺愛し、失った悲しみで盲目になるが、再会して見えるようになった。
ユースフ (ヨセフ)	ヤアクーブの息子。「真実の人」。兄たちに騙され、投獄などの苦難の末、エジプトの宰相にのぼりつめ、家族とも再会した。
ムーサー (モーセ)	アッラーから啓典『律法（タウラー）』を与えられた。エジプトで育ち、フィルアウン（ファラオ）や長老にアッラーを認めるよう迫るが拒絶され、魔術師と対決し勝利した。イスラエルの民を率いてエジプトを出て割れる海を渡り、山上で訓戒の板をアッラーから与えられた。クルアーンで最も言及の多い預言者。
ダーウード (ダビデ)	啓典の一つである『詩編（ザブール）』を与えられた。アッラーから王権と英知も授けられ、「地上における代理人」とされた。
スライマーン (ソロモン)	ダーウードの息子。アッラーから英知を与えられ、鳥や動物と話せた。シバの女王は彼の権威を認めてイスラームに入信した。
ユーヌス (ヨナ)	彼の教えを受け入れて、人々は例外的に滅亡を免れた。大魚に呑まれたが、悔悟しアッラーに救われた。
イーサー (イエス)	啓典の一つである『福音書（インジール）』を与えられ、「救世主（マスィーフ）」と呼ばれた。処女マルヤムから生まれ、奇蹟を行った。神の子ではないとされ、磔刑での死も否定される。
ムハンマド (—)	「預言者たちの封緘」と呼ばれる最後の預言者。イーサーが予言した「アハマド」という使徒は、ムハンマドのこととされる。

実に我々は、それぞれの共同体（ウンマ）に一人の使徒を遣わした。「アッラーに仕え、邪神を避けなさい」と。（一六章三六節）

預言者たちが遣わされた理由

クルアーンに登場する預言者たちの多くは、アーダム、ヌーフ、イブラーヒームやムーサー、イーサーなど、ユダヤ教の聖典やキリスト教の聖書に登場する重要人物と重なっている。特に、ムーサー、ダーウード（ダビデ）、イーサーはムハンマドと同様に聖典を与えられた預言者とされる。それらはそれぞれ『律法（タウラー）』、『詩篇（ザブール）』、『福音書（インジール）』と呼ばれ、いわゆる聖書のことを指していると考えられる。イスラームの六信の一つの「啓典」は、この三つにクルアーンを加えたものを、神からの啓示による聖典だと認めるという信条のことをいう。そうすると、この重なりの理由は何なのだろうか。

一つには、イスラームがユダヤ教やキリスト教の系譜を受け継ぐ、一神教であることを強調する狙いがあるだろう。イブラーヒームは「ハニーフ（純正一神教徒）」と呼ばれ、ユダヤ教徒やキリスト教徒、そしてムスリムの祖とされる。だがムスリムは、イスラームこそがイブラーヒームへの啓示を正しく継承しているという認識をもつ。メッカのカアバ神殿は、ヌーフの時代に洪水で流されたが、イブラーヒームがその息子イスマーイール（イシュマエル）とともに再建したとされる。

イブラーヒームはユダヤ教徒でもキリスト教徒でもなかった。彼は純粋な一神教徒（ハニーフ）、帰依者であった。多神教徒の仲間ではなかった。（三章六七節）

今なおムスリムたちが祝う行事として、「夜の旅（イスラー）」と「天界飛行（ミウラージュ、昇天とも）」というムハンマドの逸話がある。これはエルサレムがイスラームの第三の聖地とされる根拠となっている。ただし、実際にあったことなのか夢なのかは議論が分かれる。

彼［＝アッラー］に栄光あれ。その僕［＝ムハンマド］に聖なるモスクから、我々［＝アッラー］がその周辺を祝福した遠隔のモスクまで夜の旅をさせた。我々の徴を彼［＝ムハンマド］に見せるために。（一七章一節）

ここの「聖なるモスク」はメッカのカアバ神殿（図4）、「遠隔のモスク」はエルサレムのアクサー・モスク（図5）を指すと解釈されている。ハディースによれば、ムハンマドは天馬に乗って「夜の旅」をして、メッカからエルサレムに至った。その後、彼はジブリールと共に天に昇ったが、その出発点であった岩の周囲に建てられたのが「岩のドーム」である。ムハンマドは天に昇ると、まずアーダムに、そしてイーサーやムーサー、イブラーヒームなどに会い、最後にアッラーにまみえたとされる。この逸話は、彼が預言者たちの後継者であり、最後の最も優れた使徒であることを物語ろうとしている。

ユダヤ教・キリスト教の重要人物とクルアーンで言及される預言者とが重なるもう一つの意義は、ムハンマドと先行預言者たちの状況の共通性の強調である。クルアーンではこれらの預言者は神の召命を得た優れた者であるが、それぞれが属する共同体（ウンマ）に神の教えを伝えようとしても認められずに苦悩した者として描写されている。この苦悩はまさにムハンマド自身が経験したものである。その意味でも、彼らはムハンマドの「先輩」ということになり、この苦悩という共通性はクルアーンの人類史認識の重要な柱なのである。そして先行する使徒たちを認めなかった共同体が、神の怒りを買って滅びることになったことも共通している。つまり、クルアーンがこの歴史認識を繰り返し語っ

図４　カアバ神殿と巡礼者（S.M. Amin/*Saudi Aramco World*/SAWDIA）

図５　アクサー・モスク（筆者撮影）

ている理由は、ムハンマドが生きていたメッカの共同体がもしイスラームを受け入れなければ、同じような滅亡という結末が待っているのだという警告のためなのである。裏返せば、イスラームを受け入れれば、共同体は滅びないということになる。クルアーンは、ムハンマドが伝えるイスラームの教えを受け入れるか否か、それを人々に迫り、受け入れるよう説得している。この聖典の五分の一を占めるほどの重要性をもつ預言者物語は、人々に入信を説得するために語られているのである。

不信仰者たちは「なぜ主から彼［＝ムハンマド］に一つの御徴も下らないのだろうか」と言う。汝［＝ムハンマド］は一人の警告者に過ぎない。それぞれの民には一人の指導者がいる。（一三章七節）

我々は汝［＝ムハンマド］以前にも使徒たちを遣わした。そのなかのある者については汝に語り、またある者については語ってはいない。だがどの使徒も、アッラーのお許しによる他には御徴をもたらすことはなかった。（四〇章七八節）

クルアーンで言及される預言者たちのうち、特に重要なのが、ヌーフ、イブラーヒーム、ムーサー、イーサーそしてサーリフとフードである。これらのうち、前の四名は聖書に登場する重要人物であり、よく知られているであろう。後の二名は古いアラブ族に属していたと考えられる者たちである。クルアーンの歴史認識が、ユダヤ教・キリスト教と共通する部分と、アラブ人に特有のものとの混淆であることが、ここからもうかがえる。これらの預言者物語の大筋には共通するものがあり、「懲罰物語」

とも呼ばれる。預言者たちはそれぞれの共同体にアッラーの教えを説いたが拒絶され、共同体は罰を受けて滅びる、というものである。

例えばヌーフは、「アッラーに仕えなさい。彼の他に神はない。実に私は、偉大な日の懲罰をあなた方のために恐れている」（七章五九節）と人々に警告したが、長老たちは「あなたは明らかに間違っていると思う」（七章六〇節）と受け入れなかった。ムーサーは「私はまことに万有の主の使徒である」と述べたが、ファラオ（アラビア語でフィルアウン）や長老たちはそれを嘲笑った（四三章四六—四七節）。またフードはアードの民に遣わされ、「私はあなた方への誠実な使徒です。アッラーを畏れ、私に従いなさい」（二六章一二五—一二六節）と説き、サーリフはサムードの民に「アッラーに仕えなさい。あなた方には彼の他に神はない」（七章七三節）と説いたが、ともに人々には受け入れられなかった。このように教えを説いたにもかかわらず、人々に受け入れられなかった預言者たちの描写は、メッカ時代のムハンマドの姿に重なるものである。

そしてクルアーンは、預言者たちを認めなかった人々の共同体は滅ぼされたと語っている。例えばヌーフの共同体は大洪水で滅ぼされ、方舟に乗ったヌーフたちのみが助かっている（七章六四節など）。ムーサーを拒絶したファラオや長老はアッラーの怒りを買い人々は溺れさせられた（四三章四八—五六節）。また、フードを否定したアードの民もアッラーによって「根絶やし」にされ（七章七二節）、サーリフを否定したサムードの民には大地震が襲い、人々は翌朝、家で潰れていたという（七章七八節）。この共同体の滅亡という厳罰が、イスラームを受け入れなかった人々の、現世における末路ということになる。

汝はアッラーがいかにアード［の民］を扱ったかを考えないのか。……谷間の岩を掘ったサムード［の民］や、杭の主のフィルアウンのこと。これらはその地で横柄きわまりなく悪事をひろめた。そこで汝の主は、懲罰の鞭を彼らに下されたのであった。（八九章六―一三節）

このようにクルアーンが描く預言者たちは、神のメッセージを伝える者であり、それを受け入れなければ罰が下ると警告する者である。

ゆえに汝は警告せよ。実に汝は一人の警告者に他ならない。彼らのための支配者ではない。だが背いて信仰を拒むならば、アッラーは最も過酷な罰で罰する。（八八章二一―二四節）

この「警告」はイスラームにおいては「クルアーン」であり、これこそが人々にイスラームへの入信を「説得」するものなのである。

彼ら［＝メッカの多神教徒］以前にも、ヌーフの民やアード［の民］、杭の主のフィルアウンも、サムード［の民］やルートの民、森の民も、集団となって、使徒たちを嘘つき呼ばわりし、懲罰が確実となった。これらの者も、その一声を待つだけで、一刻の猶予もない。（三八章一二―一五節）

先行預言者たちの物語は、ムハンマドが直面していたメッカの民を念頭において語られていた。ムハンマドが伝える教えを受け入れなければ、メッカの民ももうすぐアッラーによって滅ぼされるであろう。しかし受け入れるならば、「彼らが信仰に入ったので、我々はしばしの間、彼らに現世を楽しませた」(三七章一四八節)とあるユーヌスの民のように罰を免れるであろう、と。クルアーンの預言者物語は、そのように説得するためのものである。

アッラーと使徒に従いなさい。そうすれば汝らは、慈悲を受けられるであろう。(三章一三二節)

ムハンマドの周囲の人物たち

クルアーンではムハンマド自身の身の回りの出来事がいくつも語られているが、地名や人名の固有名詞への言及が少ない。アブー・ラハブとその妻を呪う内容の第一一一章についてはすでに引用した。もう一人、ザイドというムハンマドの解放奴隷で養子になった者の名が言及される。彼はムハンマドの従姉妹のザイナブと結婚していたが、離婚した。その後ムハンマドがザイナブと結婚したため、信者の間で物議をかもしだしていた。しかし次の啓示が下され、この再婚は問題ないということになった。

……そしてザイドが彼女［=ザイナブ］に必要なことをすませたので、我々は汝を彼女と結婚させた。信者が必要なことを終えた時には、自分の養子の妻でも、差し支えないことにした。(三

三章三七節）

またムハンマドの愛妻とされたアーイシャの名はクルアーンでは明言されていないが、彼女にまつわる醜聞についてこう述べられている。

実にこの虚言を広めた者は、汝らのなかの一団である。……なかでもその責のある者は、厳罰に処せられよう。（二四章一一節）

この「虚言」とは、アーイシャがサフワーンという男性と不義をなしたという噂のことである。これは彼女が落とした首飾りを探したために同行者たちとはぐれてしまい、野外で一夜を過ごし、そこに通りかかったサフワーンに連れて帰られたことから出た噂であった。この節の前にある第二―一〇節は、姦通者への鞭打刑について述べられているが、本当に姦通したことを証明するためには証人が四人必要であるとしている。よってここで意図されているのは、アーイシャにはその四人の証人がいないのに虚偽の噂が広まってしまったが、無実である、ということになる。

このようにクルアーンでは、神と霊的存在と人間からなる世界観が示される。そのなかで人間の歴史は、預言者たちから神のメッセージを何度も受けとりながらも、それを正しく実現する共同体がなかった繰り返しとして描かれている。同時に、ムハンマドの人としての生活の様相も包み隠さず語りつつ、彼を最後の預言者であることを認めてイスラームの教えを正しく実現させよと、聞く者を「説得」しているのである。この言葉を発しているのが神であれ人であれ、その言葉そのものを書き留めているならば、極めて赤裸々で正直な書物ということになるであろう。自分たちこそが正しいと訴えているのである。

なぜ汝らは信仰を拒否するのか。アッラーの御徴が汝らに誦まれ、また彼の使徒が汝らのなかにいるではないか。アッラーにしっかり縋る者は真っすぐな道に導かれる。信仰する者たちよ、真の畏怖心でアッラー畏れなさい。そしてムスリムとしてでなく死んではならない。(三章一〇一―一〇二節)

2 「神の言葉」が開いたもの

格差社会メッカから平等社会メディナへ

クルアーンの主張は当時のメッカ社会には衝撃的なものであった。メッカ社会の風潮の特徴は、偶像崇拝・部族血縁主義・拝金主義・現世重視ということができるだろう。それに対してクルアーンが説いたのは、一神崇拝・平等主義・弱者救済・来世重視という教えである。弱者とは孤児、貧者、寡婦などのことで、ムハンマド自身も孤児として育ち、奴隷の解放を積極的に進めたとされる。

両親に孝行し、近親、孤児、貧者に親切にし、人々に良い言葉で話し、礼拝の務めを守り、定め

の喜捨を施しなさい。（二章八三節）

クルアーンの教えは神の前での人間の平等を説くものであり、これは今に至るまで多くのムスリムを魅了する。次の句は人種や男女など間の平等、つまり人間の平等を説き、生まれによる差別を否定する際にしばしば引用されるものである。

人々よ、我々は男と女から汝らを創造し、民族や部族に分けた。これは汝らを互いに知り合うようにさせるためである。（四九章一三節）

アメリカのアフリカ系女性学者で改宗者のアミナ・ワドゥード（一九五二年〜）は、クルアーンをジェンダーの平等性から解釈した『クルアーンと女性――女性の視点から聖典を再読する』（一九九九年）を著し、世界中に大きな反響を呼んだ。そのなかでこのクルアーンの句について、アッラーは人間を富や民族、性、または歴史的背景によっては区別しないと解釈を加えている。この解釈書については次章でさらにふれたい。

ムハンマドを中心に、イスラームの教えに基づいて打ち立てられたメディナのムスリム共同体は、現在に至るまで、ムスリムの理想の社会形態である。今もなお、サラフの世代はムスリムたちの理想と考えられている。「祖先」を意味するサラフとは、ムハンマドと接したサハーバ（教友）の世代とその次の二世代を合わせたイスラームの最初期の世代を指す。現在いわれる「サラフ主義者」はこの時代への回帰を目指す復古主義的なムスリムのことである。なかでも、この時代になかったものを反イスラーム的だと排除しようとする者は過激主義者だと見られる。だが実際にムスリムの大勢を占めているのは、現実社会と折り合いながら中庸を旨とする「中正の共同体（ウンマ）」（二章一四三節）を目指す人々である。

男性信者も女性信者も互いに仲間である。彼らは正しいことを勧め、悪しきことを禁じる。また礼拝の務めを守り、定めの喜捨をなし、アッラーとその使徒に従う。（九章七一節）

努力としてのジハードと戦闘の容認

この正しい共同体のために、ジハードを行うことがクルアーンの教えによって推奨されている。次の句は、ムハンマドのメディナ移住（ヒジュラ）後に啓示され、移住者（ムハージルーン）とメディナで彼らを受け入れて助けた者（アンサール）が、出自の違いよりも信仰を重視して協力するよう説いている。

実に信仰して移住した者たち、財産と生命を捧げて、アッラーの道のために奮闘努力（ジハード）した者たち、また彼らに避難所を提供して援助した者たち、これらは互いに仲間である。（八章七二節）

「ジハード」は一般には「聖戦」と訳されるなど、神のために異教徒と戦うためのイスラームの戦闘イデオロギーだとみなされることが多いだろう。しかしクルアーンでは「奮闘努力」という意味で用いられ、これが戦闘での「努力」を指すのは一部の句である。「ジハード」に関連する章句は全部で三五あり、明白に戦闘的なものは四つのみで、非戦闘的なものは一一、残りはどちらにも読めるともいわれる。

メッカ時代には、ムスリムは武力による戦闘を禁じられていた。その頃の啓示である二五章五二節「不信仰者に従ってはならない。彼らとはそれ［＝クルアーン］によって大いなるジハードを行いなさい」が説くジハードは、イスラームを広めるための、言葉による戦いと解釈される。メディナへの移住後には戦闘が解禁されたため、ジハードとしての戦闘も認められるようになったが、アッラーに対する一般的な献身を意味する用法も多く、常にジハードが武力を含意するわけではない。

信者には謙虚で、不信仰者には峻厳で、アッラーの道のために奮闘努力（ジハード）し、批判者からの悪口を恐れない。これはアッラーが望まれる者に与える恵みである。（五章五四節）

このように、ムスリムの生き方の理想として「奮闘努力（ジハード）」が推奨されており、人々は様々な側面においてさらに努力を重ねることを目指すことになった。

神の前の平等に基づくムスリム共同体に属す人々は、ジハード、つまり神の道における奮闘努力という意識を胸に、強い情熱をもってイスラームの教えを実践していった。これはムスリムが最後で最も優れた共同体を形成するという信仰に基づいている。

ユダヤ教徒・キリスト教徒をどう認めるか

「啓典の民」よ、汝らのもとに我々の使徒〔＝ムハンマド〕がやって来た。汝らがその啓典のなかで隠してきた多くのことを明らかにし、また多くのことをそのままにしておくために。アッラーから光と明瞭な啓典が汝らに下ったのである。（五章一五節）

この「啓典の民」とは、聖典をもつユダヤ教徒とキリスト教徒のことを指す。ユダヤ教徒やキリスト教徒はアラビア半島にも居住していたし、ムハンマド自身も隊商交易の際にシリアでキリスト教徒と接触していたと伝えられている。クルアーンでは、ムハンマドが最後で最も優れた預言者であり、クルアーンが最後にして最も正しい聖典、そしてムスリムこそが最後にして最も優れた共同体を形成するとされる。この認識に基づけば、全人類がムスリムになるべきであり、ムスリムは人々を「説得」して改宗をうながさなければならないということになる。実際にムハンマドは、大帝国であるビザンツ帝国やサーサーン朝ペルシャの支配者にイスラームに改宗するよう勧める手紙を送っていた。

このムスリムとしての優越性は、クルアーンで繰り返し述べられている重要なテーマである。メッカの人々の多神崇拝は間違った教えであり、ユダヤ教やキリスト教は同じ一神教崇拝であるが、イスラームよりも劣っている、という。クルアーンでは「啓典の民」、つまりユダヤ教徒・キリスト教徒は、敵味方の両方の存在として描かれている。ムハンマドやその周囲の者たちにとっての「啓典の民」は、敵対していたメッカの多神教徒とは異なる、同じ唯一神信徒としての親近感もある一方、当然ながら彼らもイスラームを認めなかったことによる不満も生じていたのである。

啓典の民がもし信じて畏れるなら、我々［＝アッラー］は彼らの罪障を消し、必ず至福の楽園に入らせるであろう。（五章六五節）

信仰する者たちよ、ユダヤ教徒やキリスト教徒を友としてはならない。彼らは互いに友である。汝らで、彼らを友とする者はその同類である。アッラーは決して不義の民を導びかれない。（五章五一節）

そしてクルアーンは自分自身について、神の啓示として最後で最も正しいものだと述べている。ユダヤ教やキリスト教の聖書の後継であり、かつ、それを上回って完結するものである。なぜならば「啓典の民」は啓典を与えられていたにもかかわらず、それを正しく伝えず歪曲したからだ、という。

我々は真理でもって汝らに啓典［＝クルアーン］を下した。それはすでにある啓典［＝聖書］を確証し保護するためである。（五章四八節）

彼ら［＝ユダヤ教徒］が汝らを信じると望み得るのか。彼らの一部は、アッラーの言葉を聞いてそれを理解したのに、分かっていながら歪曲した。（二章七五節）

このようなムスリムとしての優越性という意識は、現実世界での統治意欲をもうながしたであろう。文明地域から離れたアラビア半島の小さなムスリム共同体は、アラビア半島を出て急激に領土を拡大した。正統カリフ時代には、第一代アブー・バクルから第三代ウスマーンまでの約三〇年の間に、現在の中央アジアから北アフリカにまで領土を広げたのである。

だが対外的優越性と内部的統一感をもって、快進撃を繰り広げた共同体も、内部分裂は避けることができなかった。それは第四代正統カリフのアリーの時代に生じ、後のシーア派の萌芽となった。対立は、ムスリム共同体が政教一致体制を求めたため、その長の正統性に宗教倫理的正しさに求めたことに起因する。当時、罪を犯した者はムスリムではなくなると考え、政治的指導者は決して誤った行動をとってはならないと強く主張するハワーリジュ派と呼ばれる集団がいた。彼らは敵対していたムアーウィヤ（?～六八〇年）に妥協的な態度をとったアリーを敵視し、この二人をムスリムではないと判断して襲った。アリーは殺害されたが、ムアーウィヤは難を逃れ、六六一年にウマイヤ朝を開き、ムスリム共同体を率いた。

他方、ムアーウィヤではなく、アリーとその子孫（「お家の人々」）にこそ共同体の統治者としての資格があると考えた人々がいた。彼らが「アリーの党派（シーア・アリー）」で、「シーア派」と呼ばれ、現在もムスリムの一割ほどを占める少数派を形成するようになった。この派の人々によれば、アリーがシーア派の第一代イマーム（長）、その長男のハサン（六二五頃～六七〇年頃）が第二代、次男フサイン（六二六～六八〇年）が第三代となる。その後、後継者争いが生じたため、さらにイスマーイール派などの分派に分かれるが、現在イランを中心に信仰されている十二イマーム派は、第一二代までイマームがいたと信じる人々である。

クルアーンの編纂という観点においては、すでに述べたように、アリーが編纂した版があったといわれている。またシーア派は、三代の正統カリフたちを認めず、アリーをムハンマドの直接的後継者とみなしているため、典拠とする伝承もアリーの言行録を重視している。だが、クルアーンはスンナ派と同じものを用いており、スンナ派とも互いにイスラームの信仰者だと認め合ってはいる。

アラビア語とクルアーンの相関関係

アラブ人が用いるアラビア語は、言語系統としてはセム語に属する。ヘブライ語やフェニキア語、アラム語、シリア語と同系統で、イスラームがユダヤ教やキリスト教と歴史的・文化的に極めて近しいことがここからもうかがえる。アラブ人のなかにキリスト教徒やユダヤ教徒もいるように、アラビア語がイスラームの言葉だと完全に言い切ることはできない。だがムスリムにとって、アラビア語はアッラーが人々に語る際に用いた特別な言語である。実際にアラビア語の歴史的発展は、イスラームという宗教と切り離せない関係にある。

クルアーン編纂によって大きく前進した分野の一つが、アラビア語の記述方法、つまり正字法であった（表4）。

アラビア語には二八のアルファベットがあることは述べたが、これらは子音で、点の数や場所でその違いが示されることが多い。また母音は標準アラビア語には「ア」「イ」「ウ」の三つがある。クルアーン編纂までは、子音を区別する点の記号や母音記号は付けられずに、子音のみが極めて簡素な状態で表記されていたため、誦み方に相違が生じやすかった。そこでクルアーンを正しく表記することが必須となり、また行政文書をアラビア語で書くようになったため、七世紀から九世紀にかけて子音区別点や母音記号が工夫され、普及するようになった。ちなみに現代のアラビア語の文書では子音を区別する点は付けられるが、母音記号は付けられず、学習者が苦労する点の一つである。ただ、クルアーンには必ず母音記号もふられている。

表４　アラビア語の子音一覧。今も通常アラビア語の文章は子音のみで表記され、母音はクルアーンや子ども用の本のみに加えられる。

⑥ ح h	⑤ ج j	④ ث th	③ ت t	② ب b	① ا a
⑫ س s	⑪ ز z	⑩ ر ra	⑨ ذ dh	⑧ د d	⑦ خ kh
⑱ ع ʻ	⑰ ظ ẓ	⑯ ط ṭ	⑮ ض ḍ	⑭ ص ṣ	⑬ ش sh
㉔ م m	㉓ ل l	㉒ ك k	㉑ ق q	⑳ ف f	⑲ غ gh
	㉙ ي y	㉘ ء ʼ	㉗ ه h	㉖ و w	㉕ ن n

アラビア語の独自性は、標準アラビア語（文語、フスハー）とアラブ諸国で用いられる口語（方言、アーンミーヤやダーリジャ）との乖離が激しいながらも、共存しているところにある。これはダイグロシア（言語二層状態）と呼ばれる、二つの言語変種の併存する状態である。標準アラビア語はいずれのアラブ諸国でも書籍や新聞、演説や宗教の説教で用いられるが、実際の会話になると、国によって異なった方言が用いられる。わかりやすい類比としてしばしば語られるのは、

標準アラビア語と口語アラビア語の関係は、ラテン語とロマンス諸語（フランス語やスペイン語、イタリア語）との関係のようだということである。このような乖離と併存は、クルアーンの存在に寄るところが大きい。標準アラビア語は基層にクルアーンのアラビア語があるため、ムスリムがそれを読む必要がなくならない限り存続するだろうが、口語はアラブ人の社会の変遷とともに変化してきたし、今後も変わり続けるであろう。

さらに標準アラビア語の影響の大きさは、それがイスラームの教えとともに非アラブ人にも広まっていったことに見てとれる。非アラブ人であっても、各地域でウラマーになるためにはアラビア語を学ぶことが必須である。ムスリム学徒たちは都市を移動しながらイスラーム諸学について学びを深め、またそれを用いる職務に就いたが、これが可能となったのはアラビア語がムスリム居住地域であるならばどこでも通じたことが大きい。例えば、よく知られている古い例としては、モロッコ出身のイブン・バットゥータ（一三〇四～一三六八／一三六九年）である。『三大陸周遊記』を読むと、世界各地でアラビア語ができる人物がいることがわかる。彼がインドにあったトゥグルク朝を訪問した際、デリーで国王に依頼されて法官として仕えることになった。この時アラビア語の話せる補佐がつき、八年ほど滞在したのである。また近代でも例えば、ナワウィー・アル＝バンターニー（一八一三～一八九八年）はジャワ島のバンテン生まれの学者であるが、メッカに移住して高い評価を得、アラビア語で多くの著作を残している。

加えてアラビア語は、商業ネットワークによっても非アラブ圏のムスリムに影響を与えてきた。「アラブ商人」や「ムスリム商人」として知られるように、彼らは広い地域を移動して交易を展開させた。そのなかで商売相手側の改宗が進み、その地の言語文化にアラビア語が浸透していったのである。

ゆえに、今なおペルシャ語やウルドゥー語、ウイグル語などはアラブ文字で記述されている。トルコ語、マレー語、スワヒリ語は、かつてはアラブ文字で表記されていたが、今はラテン文字が用いられるようになっている。これらの言語にはアラビア語の借用語が多く見られる。そして今もこれらの言語を用いる国では、程度の差はあれ、ムスリムであるならば子どもの頃に、クルアーンのアラビア語を学ぶことになるのである。

クルアーンから展開する諸思想潮流

ムハンマドの死後、クルアーンの言葉とムハンマド自身の言行の記憶が残された。ムハンマドの言行はスンナ（慣行）と呼ばれ、人々の模範となり、それを伝えた伝承がハディースで、クルアーンに次ぐ権威が認められている。しかし、アッラーの言葉そのものとされるクルアーンは、人間であるムハンマドの言葉とは全く別のものとして理解され、この聖典はイスラームという信仰体系成立の絶対的な権威になり、また基盤となった。

ムスリム共同体は正統カリフたちに率いられたが、イスラームの教えが広がり、共同体が拡大するにつれて、さまざまな疑問が生じるようになった。前述したアリーをめぐる紛争は、共同体はどのようにあるべきか、誰がそれを率いるべきか、という現実的疑問を起点としていた。さらに人々は、ムスリムとしての行動はどうあるべきかという多くの問いをもつようになり、クルアーンやスンナにその答えを求めるようになるが、当然ながらすべての答えが得られるわけではなかった。特にクルアーンは文言が曖昧なため、解釈する者が必要となったが、いくつもの解釈が可能であったため、多様な思想潮流・学派が生まれた。これは、現代に至るまで続いているイスラーム思想のダイナミズムでもある。

ここでは初期イスラーム時代に生じた重要な思想潮流として、神学、法学、神秘主義の三つをとりあげたい。これらはクルアーンの文言をもとに発展し、現在に至るまでムスリムの生活に大きな影響を持っている。

イスラーム神学——神をどう把握するか

イスラーム神学はアラビア語でイルム・アル＝カラーム（言葉の学）と呼ばれる思弁神学で、七世紀末から八世紀の初めから議論がなされてきた。ムスリムは神がいかなるものなのか、人はどうあるべきなのかについて、考えを深め、議論してきた。擬人神観的な解釈について述べた時にふれたが、これは人が神をどう理解するべきかという論題であった。クルアーンにある神に関する言葉、例えば「アッラーの手」（四八章一〇節）を字義通りに受け取る人々がハシュウィー派、「恩寵」などの象徴として解釈する人々がジャフム派やムウタズィラ派であった。

また、人の罪と信仰についても議論の対象となった。ムスリムが罪を犯した場合、その者は信仰を失ったとして不信仰者となり地獄に行くのか、それともムスリムであるならば罪を犯しても楽園に入ることができるのか、という問題である。ハワーリジュ派は前者であり、ムルジア派は行為と信仰は無関係として後者の立場をとった。

これらに加えて、神の定命と自由意志も重要な論点となった。クルアーンには「汝らは、アッラーが望まなければ、望むことはない」（七六章三〇節）とあり、人間に自由意志はないと読むことができる。しかしこの世の最後の日には生前の行為についての審判を受け、来世には天国か地獄かという報いが待っていることはクルアーンで繰り返し述べられていることである。すると、人は自分の行為に責任があるのかないのか、悪い行いもその者の責任ではないのかどうか、という疑問が生じる。全知全能のアッラーがすべてを定めていれば、そしてこれが「六信」の一つの「定命」であるが、人はその行為に責任がないようにも考えられる。しかし、もしそうであるならば、来世でなぜ報いを受けることになるのだろうか。この論点に関して、ジャブル派はすべての行為はアッラーによって強制されていると考え、カダル派は人間には自由意志があると主張し、ここでも相反する二つの解釈がクルアーンを起点に主張されることになった。

イスラーム法——神にしたがって生きる

イスラーム法は、アラビア語で「シャリーア」と呼ばれ、クルアーンを最も重要な基盤とする。クルアーンのなかに含まれる法的な句は主にヒジュラ後のメディナ期のものである。その分量は、解釈にもよるが三％とも一〇％ともいわれ、預言者についての物語が五分の一を占めることに比べれば決して多くはない。しかしその内容は多岐にわたる。ムスリムの義務的な信仰行為として、礼拝、喜捨、断食、巡礼の規定について述べられている（これら四つに「信仰告白」を加えて「五行」とされる）。加えて、結婚、離婚、相続、遺産といった家族に関するもの、売買や貸借、高利貸しといった商取引に関するもの、また刑罰に関するものなどがある。これらは人々の日常生活に直接関わるため、その重要性は大きい。飲酒禁止についてはすでにふれた通りであるが、ここでは現代でも話題になる利子（リバー）の禁止の句をあげておく。このような啓示が下された背景には、ユダヤ教徒との関係悪化があったともいわれる。

利子を貪る者は、悪魔にとりつかれた者のようにしか立ち上がれない。それは彼らが「商売は利子のようなもの」と言うからである。だがアッラーは、商売を赦し、利子を禁じた。……アッラーは利子を無くし、喜捨を増やされる。……汝ら信仰者よ、アッラーを畏れ、信仰者であるならば、まだ残っている利子は帳消しにせよ。（二章二七五―二七八節）

ただし、これらのクルアーンの文言だけでは、やはり現実で生じる多様な問題に対応することはできない。そこでハディースで伝えられる預言者の慣行なども用いることで、シャリーアを導き出す学問が必要となり、フィクフ（イスラーム法学）が生まれた。フィクフの一つである法源学は、何を根拠として法を導き出すかを論じる学問であるが、これを確立させたのはアッバース朝時代の法学者のシャーフィイー（七六七～八二〇年）とされる。彼は法源を「クルアーン」と「スンナ」、「類推（キヤース）」、「イスラーム共同体全体の合意（イジュマー）」の四つに定めて理論化した。一〇世紀には四つの法学派、ハナフィー派、マーリク派、シャーフィイー派、ハンバル派が成立し、現在に至っている。かつてウラマーはシャリーアやフィクフを学び、裁判官（カーディー）などになった。また、今でも法学見解（ファトワー）を出し、法的なアドバイスを人々に与える役割を担っている。

イスラーム神秘主義──神を心の内面で体得する

スーフィズム（アラビア語では「タサウウフ」）は一般にイスラーム神秘主義と呼ばれ、その実践者をスーフィー（神秘主義者）という。精神的な内面を重視する思想と、修行を通して神との合一を目指すという実践性をあわせもち、聖者信仰や教団形成、政治運動まで含む幅広い思想潮流である。この潮流は概ねアッバース朝初期の八世紀に発生したとされる。享楽的な生活や、法の遵守を過度に重視する形式主義的な態度に対する反発として、禁欲主義・反形式主義を志向し、神のみと接する生き方を目指したのであった。その萌芽期の人物として知られるのが、イラクのバスラで神への畏怖から禁欲主義的生活を送ったハサン・バスリー（六四二?～七二八年）で、常に終末を畏れて過ごしていたという。

スーフィズムの思想的根源は、クルアーンで述べられている神との近接性にあると考えられる。例えば「我々は頸動脈よりも彼［＝人間］に近い」（五〇章一六節）や、

東も西も、アッラーのものであり、汝らがどこを向いてもアッラーの御顔がある。実にアッラーは広大無辺にして全知である。（二章一一五節）

ともある。つまり、アッラーは人間のすぐそばに存在するとされている。これは神を超越的存在として人と隔絶させる神観念の対極にある。こうしてスーフィーは、常に神とともにあることを望み、そのために修行を実践するのである。

クルアーン二四章三五節は「光の節」と呼ばれ、特にスーフィーたちに好まれてきた。この句でアッラーは偏在する光のイメージでとらえられている。スーフィーは、この光に導かれ、究極的に「安らぎにある魂」(八九章二七節)を得ることを望んでいるのである。

アッラーは天と地の光である。彼の光をたとえれば、灯りを置いた壁龕のようである。灯りはガラスのなかにあり、そのガラスは輝く星のようである。東方のものでも西方のものでもない、祝福されたオリーブの木に灯されている。油は火がふれずとも光を放つ。光が光の上にある。アッラーは好まれる者を彼の光に導かれる。(二四章三五節)

さらに一二世紀以降、ムスリム地域に数多くのスーフィー教団(タリーカ)が成立した。スーフィズムは反形式主義であり、人間の間にある差異に寛容な傾向をもつ。そのため、非アラブ地域にスーフィズム的なイスラームが広まる過程で、聖者信仰といった各地域に特有な宗教文化を取り込むことが可能となった。しかしこれゆえ、一九世紀以降は近代化・西洋化の流れのなかで、スーフィズムを否定する動きも生じた。極めて厳格なイスラームの適応を求める人々は、スーフィズムが認める聖者信仰をムハンマドの時代にはなかった「逸脱(ビドア)」として非難し、聖者廟を攻撃することさえ起こっている。例えば近代以降現れたワッハーブ派や、現在のアル＝カーイダ、そして「イスラム国（ＩＳ）」といったイスラーム主義者・サラフィー主義者がそうである。だが、平和主義的指向の強いスーフィズムを基盤とする国際的なムスリム組織も生まれており、注目すべき動きだといえるだろう。

ムスリム世界には政治的な対立が少なくなく、それらに宗派や法学派の相違が関わり、その構図が煽られることが多い。スンナ派とシーア派、ワッハーブ主義的で厳格なイスラームと、世俗主義的で穏健なイスラームといった対立構造が、昨今世界の耳目を集めている。ただ留意すべきは、信仰上の相違そのものが対立を生んでいるわけではないことであろう。現実利益の争奪となる政治的対立がまずあり、そこに信仰上の相違が核となって紛争が激化するという流れが存在している。つまり、政治的問題の解決こそが、まず重要ということなのである。

III 「説得」から「共有」へ——二元論を超えて

1 「説得」のための時間軸

警告と吉報

第Ⅱ章の前半では、神や天使・悪魔といった超越的存在、預言者たちやムハンマド、彼の周囲の人々といったクルアーンに登場する人物に焦点をあてた。そこで、預言者たちの物語がイスラームを信じることを読み手・聞き手に説得するための重要な警告であることを確認した。本章では、この「説得」が、次の句にあるように、共同体の滅びという現世での応報のみでなく、来世でのさらに重い応報を根拠としていることを見ていきたい。「現世」と「来世」という語に注目して、次の句を読んでもらいたい。

〔啓示を〕嘘だとした者たちはかつてもいたが、思いがけないところから、突然、罰が下された。アッラーは現世の生活で、彼らに屈辱を味わわせた。だが来世での懲罰はさらに大きい。彼らがこのことを知っていたならよいのだが。（三九章二五―二六節）

クルアーンの世界観は、創造・現世・終末・来世という時間軸を形成している。この時間軸は、クルアーンを聞く者にその教えの正しさを訴える、つまり「説得」するために機能している。この「説得」は、イスラームの教えを信じなければ罰を受けるであろうという「警告」と、信じればよいことが待っているという「吉報」からなる。ムハンマドが「我々はただ汝を吉報の伝達者と警告者として遣わした」（二五章五六節）という二つの役割を負った者とされていることからも、このことがわかるだろう。

それでは、まず「警告」について見ていこう。

彼らの顔は、生きて永遠なる御方の前ではうなだれている。罪業を負う者は絶望する。だが善行に勤しみ、信仰した者には何の憂いもなく、[アッラーからの報酬を]減らされることもない。このように我々[＝アッラー]はこれをアラビア語のクルアーンとして下し、そこには警告を伝えた。恐らく彼らは主を畏れ、教訓を得るであろう。（二〇章一一一―一一三節）

ここでは、クルアーンとは最後の審判の日がいずれ到来することを警告するためのものだとされている。最後にある「警告（ワイード）」という言葉は、井筒訳や藤本他訳では「威嚇」と訳されており、それほどに強い意味をもつ「説得」だということであろう。この句の前半にある描写は最後の審判の日の様子である。人々は現世での生き様に基づいて裁かれ、悪人はがっくりとうなだれ、良き信仰者は晴れ晴れとしている。次の句でも同じ内容が語られており、良き信仰者は楽園、つまり天国に、そうでない者は業火、つまり地獄に行くとの「警告」がなされている。

信仰して善行をなす者たちに、川が下を流れる楽園についての吉報を伝えなさい。（二章二五節）

ここでは、「警告」の対として、クルアーンの教えを受け入れたならば良き報酬が得られるという「吉報」が示されている。クルアーンの「吉報」とは、現世で信徒となって正しい道を歩めば、来世で楽園に入れるということである。

クルアーン三章一〇三節は、現世での「正しい道」の歩み方について述べている。アッラーをしっかりと畏怖し、アッラーを紐帯としてムスリム同士が互いを兄弟として連帯しなければならない。そうすることで、ムスリムとなる以前は敵同士で業火の穴の縁にいたが、救い出される、と。ここではアッラーへの帰依に基づく家族的な信徒の共同体が示唆されている。かつては敵対していても、クルアーンの教えによって兄弟になった人々がそこに入ることで、現世において正しい道を歩むことが可能となる。そして来世でも地獄に行くことはない。「説得」を受け入れた者には、このような良き約束、つまり「吉報」が与えられるのである。

この句の少し後で、信徒たちは「人類に遣わされた最良の共同体（ウンマ）」だとされ、「正しきを命じ、悪しきを禁じ、アッラーを信奉する」ことを旨とするように命じられている（三章一一〇節）。本書でも何度か言及しているが、この共同体は「中正の共同体」とも呼ばれ、現代のムスリムからは、バランスのとれた穏健なイスラームを追求することの根拠として理解される。つまり、ムスリムの共同体とは、「警告」と「吉報」を受け入れ、「説得」された者たちによる正しい集団であるといえる。

アッラーによる天地創造

クルアーンが描く世界にある時間軸は、現世に生きている者に、常にこの世の終わりと来世を念頭において行動することを迫っている。では、この世の始まりを、クルアーンはどのように描写しているのだろうか。

彼は、汝らのために地上のすべてのものを創造し、そして天に昇ってそれを七つの天にした御方。彼はすべてを熟知する。（二章二九節）

実に汝らの主はアッラー。六日で諸天と地を創造し、玉座に座す。昼に夜を覆わせ、夜には昼を慌ただしく追わせ、太陽や月、星々を命に服させる。創造と命名は彼のもの。万有の主アッラーに祝福あれ。（七章五四節）

アッラーが六日で天地を創造したというくだりから、クルアーンの内容が『聖書』の「創世記」の描写に近いものであることがうかがえる。「創世記」の冒頭箇所にも、地が混沌とし、闇が深淵の面にあった時、神が「光あれ」といって光と闇を分けたとある。クルアーンでも、天と地は一つであったが、アッラーがそれを分け（二一章三〇節）、「あれ」と命じればすぐに生じた（三六章八二節）と述べられている。

次に、人間の創造の描写について見ていきたい。クルアーンによれば、人間はアッラーによってまず泥から創られ、次に精液となって「堅固な場」（子宮であろう）に納められ、その後、凝血となり、さらにそれが肉塊となって、骨や肉が付けられて形づくられた。寿命も定められ、目・耳・心の動きも与えられた（六章二節、二三章一二―一四節、六七章二三節、九六章二節）。こうしてアッラーは「人間を最も美しい姿に創った」（九五章四節）という。さらにクルアーンは、男女の創造について「一人のナフスから創造し、ナフスからその配偶者を創造し、二人から多くの男女を増やした」（四章一節）と描写している。ナフスは「人」や「魂」という意味をもっている。この句から男女どちらが先に創造されたかを読み取ることができるだろうか？　ちなみに「創世記」では、神は男（イシュ）から取ったあばら骨で一人の女（イシャー）を創ったとされている。後述するがこのクルアーンの句は、現代の解釈者がクルアーンが男女を平等に創造したと読み込む根拠となっている。

前章でもふれたように、アッラーは地上に代理人をと考えて人間を創造し、その最初がアーダムであった。この時、天使がアッラーに反対したが、その理由は、地上に代理人をおくと、悪事や血が流れることが起きるであろうから、ということであった。しかしアッラーには天使には知り得ない考えがあり、アーダムを創造し、知識を授けた（二章三〇―三六節）。ここから、アッラーが人間を重んじていることがうかがえる。イスラームにおいて人間は「神の奴隷」と表現されることもあるが、この言葉が喚起するイメージとは異なり、軽んじられているわけではないのである。実際にクルアーンには人間という存在を尊重する言葉があり、例えばアッラーはアーダムの子孫に栄誉を与え、優遇したという（一七章七〇節）。

かつ、人はそれぞれが対等であることが四九章一三節で示唆されていることは、すでに述べた。この句はワドゥードなど現代のリベラルなムスリム知識人によって、ジェンダーや民族の平等を説くと解釈される重要な句であり、私たちにも身近な議論が展開されている。このことは、次の節でまたふれる。

一七章四九—五一節では、人間を死んだ後に甦らせるのは誰なのかと問う者に対して、「汝らを最初に創造した御方」だとの答えが示される。死後の甦りが、人間の創造とパラレルにとらえられているのである。クルアーンは、アッラーの偉大さの重要な根拠として、万物の創造と、死者が最後の日に甦り裁きを受けて来世に向かわせられることを、しばしば並置している。次の句では、終末に向かう流れに注目してもらいたい。

どうしてアッラーを否定できようか。死んでいた汝らに生命を授けられ、そして汝らを死なせ、また甦らせ、さらに彼の御許に戻らせるのに。（二章二八節）

ここでは、人が神のもとに「戻る」と表現されている。「彼は初めに汝らを創造し、そして彼の御許に戻らせる」（四一章二一節）のである。クルアーンの提示する創造から来世という時間軸は単線的であるように思われるが、結局のところはアッラーに始まり、アッラーに終わるという円のように閉じられた世界観が、ここから見えてくるだろう。

ところで、神が人間を創造したということに関連して問題になるのが、その人間の意志である。クルアーンでは全被造物の事象はすべてアッラーが予め定めているという「予定説」が説かれている。これがイスラームの「六信」の一つの「カダル」にあたり、日本語では運命・予定・定命などと訳されている。

汝らは、アッラーが望まれなければ、望むことはない。アッラーは全知にして英明である。（七六章三〇節）

言え。「アッラーが私たちに定めること以外には、何も私たちには生じない」と。（九章五一節）

さらにクルアーン二章二八六節にあるように、人間にはそれぞれに能力があり、アッラーはそれ以上のことを負わせないとされ、そのような人間が罪を犯してもアッラーの慈悲によって許されることが示唆されてもいる。

とはいえ、ムスリムであれば、すべての罪が免責されるというわけではない。クルアーンは、人間の意志や責任を認めているようにも読むことができる。そもそも最後の審判で裁かれるのも、人間の責任能力をふまえての応報と考えられるのである。これは全知全能の唯一神を認めた時点で生じる神学上の重大な論点であり、イスラーム神学でも詳細に論じられ、折衷が図られてきた。特に近代以降はアッラーの定めを大前提として認めながらも、人間の意志や責任を強調する解釈が示されるようになってきている。

ここまで見てきたように、クルアーンの解釈の幅は非常に広い。立場上の違いから対立を生むこともあった。しかし一方では、この解釈の余地こそが、時間や地域の制約を超えて読みつがれていくことを可能とする、クルアーンの柔軟性、あるいは弾力性といえるかもしれない。

来世のための現世――人はどう生きるべきか

クルアーンの世界観において人間の現世での暮らしは、究極的には裁きと来世のこと、つまりアッラーの御許に戻る際のことを考えながらのものとなる。いいかえれば、来世の方が現世より優先、重要なものなのである。したがって、財産や子どもの多寡を競うようなこの世の生活は「偽りの快楽」(三章一八五節、三四章三五―三七節)にすぎず、耳・目・心の動きのすべてが審判の時に尋問される(一七章三六節)。アッラーは、ムハンマド以前にイスラエルの子孫つまりユダヤ教徒に次のような言葉を述べ伝えたという。礼拝や喜捨をなし、使徒を信じて助けるならば、罪がすべて消され、川が流れる楽園に入ることができるだろう、と(五章一二節)。つまり良く生き、良く信仰した信徒として現世を生きるならば、天国に行くことができるということである。そしてムハンマドたちに、こう語りかけている。

実にムスリムの男と女、信仰する男と女、服従する男と女、誠実な男と女、堅忍な男と女、謙虚な男と女、喜捨をする男と女、斎戒する男と女、貞節な男と女、アッラーを多く唱念する男と女、アッラーはこれらの者のために罪を赦し、大きな報酬を用意する。(三三章三五節)

では、良く生きるためにはどうすればいいのか。クルアーンでは人が現世でどう生きるべきかについても様々に語られ、その内容は、命令や戒律、教え、禁止といった形で現れる。これゆえに、すでにふれたように、この聖典はイスラーム法(シャリーア)の源としてムスリムの日常生活を規定してきたのである。

戒律のなかでよく知られているのは「五行」（アラビア語では「五柱」）と呼ばれる宗教儀礼である。五行の第一は「信仰告白（シャハーダ）」で、「アッラーの他に神はなく、ムハンマドはアッラーの使徒である」というイスラームの基本信条の言葉を唱えることである。一般的には、この言葉を二人以上のムスリムの前で唱えると、入信したということになるとされる。他には子の出生時に親が唱えたり、礼拝の呼びかけ（アザーン）にも含まれるなど、ムスリムの日常生活に深く根付いている。

第二の行、礼拝（サラート）については、罪を消滅させるための善行とされている（四章四三節、一一章一一四節）。礼拝のタイミングは午後や暁、夜の初め（一一章一一四節、一七章七八―七九節）とされ、現在は一日五回することが標準となっている。読者の中には、大きな駅や空港などで図1のようなマークを見たことがある方もいるかもしれない。このような礼拝室は、落ち着いて礼拝できるようムスリムに配慮して用意されたもので、日本でも昨今増えつつある。

クルアーンでは礼拝の方法に関して、顔や腕、頭、足の洗い方や、病や旅路にあったり体が汚れている場合の対応など詳細に述べられている（四章四三節、五章六節）。敵が迫っている時は礼拝を短縮してもよく（二章二三九節、四章一〇一節）、合同礼拝（図2）の時には、仕事をしていても集まるのがよいとされる（六二章九―一〇節）。また礼拝の時にはメッカの方向（キブラ）を向くが、当初はエルサレムの方に向かって行っており、その変更についてもクルアーンで言及されている（二章一四二―一五〇節）。

第三の行、喜捨（ザカート、浄財とも）については、貧者、困窮者、負債のある者、旅人などといっ

図１　ムスリム礼拝室の表示。タイの空港にて（筆者撮影）

図２　カイロのフセイン・モスク。金曜礼拝のためモスク内に入りきらず、外で礼拝する人々（筆者撮影）

た人々への施しが勧められている（九章六〇節など）。これは公表しても構わないが、人に知られないようにするとより良く、この行為によって罪が清められるという（二章二七一節）。今なおムスリムの生活において喜捨は重要かつ自然な行為である。モスクに行くと、サダカ（自由喜捨）用の箱が置かれていることがあり、これはいわゆる募金箱のようなものである。またサウディアラビアなどザカートを税制度とする国もあり、原則としては財産の二・五％が徴収される。これらの目的は困窮者に対する援助であり、日本でいえば生活保護などの社会福祉制度に通じるものがある。

第四の行、断食（サウム、斎戒とも）については聞いたことのある読者も多いだろう。「ラマダーン」はイスラーム暦の月の名前で、この月の期間中、日中は飲食や性行為を行わない。病人や旅人は断食できなかった日数を後で埋め合わせればよく、またそれを行うのが難しい場合は、貧者に施せばよいとされる（二章一八三―一八五節）。日本人の感覚では「断食」というと、釈迦が行った修行のイメージからか、壮絶に痩せ衰える苦行と思われることが多いようである。確かにムスリムにとっても断食は楽ではなく、途中でギブアップする者もいないではないが、ラマダーン月の生活全般を考えると、苦があるからこそ楽しい月のようにも見受けられる。日中は飲食できないが、日没後はいつも以上にご馳走を食べ、夜遅くまで買い物や親戚宅に行ったりする。そして日中、通常よりもぼんやりしているのはお互い様……という日々を過ごす。ムスリムたちは、ラマダーン月はアッラーについて考えることを最優先にして、その他のことは極めてスローなままでよいとしているようである。

第五の行、巡礼（ハッジ）はメッカのカアバ聖殿（神殿とも）を目的地とし、それが可能な条件下にある信徒に課せられたアッラーへの義務とされる（三章九六―九七節）。巡礼中は動物の犠牲を捧げ、慎み深く過ごし（二章一九六節）、カアバ聖殿の周囲を周るタワーフなどを行う（二二章二六―二九節）。ムスリムの巡礼では、メッカとともにムハンマドの没地メディナを訪れることが通例である。キリスト教徒の巡礼としては、エルサレム、バチカンそしてポルトガルのサンディアゴ・デ・コンポステラが知られている。ただこれらの聖地を訪れるのはカトリック教徒で、プロテスタントは行わない。他方、ムスリムはクルアーンに巡礼が規定されているため、全信徒にとって重要な宗教行為とされている。

また生き方についての教えも数多く言及されている。両親や縁者、孤児、隣人、旅行者、奴隷に優しくし（四章三六節、一七章二三―二四節）、吝嗇な行為をしてはならない（四章三七節）とされる。これらは今もムスリムたちが生活のなかで実践している事柄ばかりで、旅先でムスリムと接する日本人が、彼らが見知らぬ旅人にとても親切に接し、会ったばかりなのに家に招くことがあることに驚くのは、このような価値観に基づいている。

クルアーンは心の問題についても扱っており、辛い状況にある者を励ます言葉が随所に述べられている。たとえば順境でも逆境でも、喜捨をし、怒りを抑え、人々を赦す者はアッラーに愛され、楽園に行くという（三章一三四―一三六節）。クルアーンには耐え忍ぶよう説く箇所が多くあるが、特にユースフを失った父ヤアクーブの「忍耐こそが美徳である」（一二章一八節）という言葉は、今もムスリムがよく口にするものである。また九四章は八節のみの短い節であるが、次のように苦難のなかにあるムハンマドを慰め励ます内容であり、それは現代に生きるムスリムにとっても心を強められるものとして読まれている。

我々は汝のために胸を広げたではないか。汝の重荷をおろしたではないか。それは汝の背中を押し付けていた。また我々は汝の名声を高めたではないか。実に困難と共に安楽はあり、実に困難と共に安楽はある。それで手が空けば、また励みなさい。汝の主に傾倒しなさい。（九四章一―八節）

男女の関係性

男女のあり方についての言及も多く、ムハンマドをとりまく人間関係が反映していると考えられる。ただ近代以降、西洋からの影響を受け、これらの句についての議論が高まり解釈の相違を生んでいるが、それは次節で見ていきたい。ここではクルアーンで言及されている男女の関係についての句を概観していく。

一般的にも知られるように、ムスリム女性はしばしばヴェールを被るが、これは二四章三一節に依拠している。この句は男女ともお互いに「視線を低くし、貞節を守りなさい」と、性的な意識の抑制を命じている文脈にある。

外に現れるもの以外は彼女らの装飾を目立たせてはならない。また覆いを胸の上に垂らしなさい。自分の夫や父、夫の父、自分の息子、夫の息子、自分の兄弟……の他には、その装飾を表に出してはならない。（二四章三一節）

さらに三三章五九節は、女性が長衣を身に着けるよう命じており、そうすれば「認められやすく、悩まされずにすむだろう」と理由を述べている。このようにクルアーンでは、男女の性的なトラブルを回避するために、女性がその身体上の魅力的な部分を隠すように命じているのである。

また、男女の行動範囲が区別されることがある。その根拠は「帳」が言及される三三章五三節とされるが、この句の経緯はこうである。ある者がムハンマドの家に食事に呼ばれたが、家の中に勝手に入り、食事後も長居したため、ムハンマドは迷惑に感じた。だが早く帰るようにということができなかった。この時、客が預言者の妻たちに話しかけたため、「汝らが彼女たちに何か頼む時は、必ず帳の後ろからにしなさい。その方が、汝らの心と彼女らの心にとって最も汚れがない。アッラーの使徒を悩ますようなことがあってはならない」との啓示が下されたのであった。ここでも男女が直接やりとりをすることで生じる問題を回避するために「帳」が設定されているといえる。これが現実社会の男女隔離の根拠とされるに至っているが、ムハンマドの家庭内でのみの規定だと解釈される場合もある。

このようなこともあり、イスラームでジェンダーといえば、「男尊女卑」というイメージを抱いている読者もいるのではないだろうか。この点は現在、ムスリムにとっても解釈上の大きな議論の対象となっている。ここでは、特に男女関係において議論の焦点となっている二つの句について、三田了一、および中田香織・下村佳州紀の手になる日本人ムスリムの訳と、ムスリムではないイスラーム思想学者である井筒俊彦の訳を見てみよう。

まず二章二二八節であるが、日本人ムスリムによる翻訳書では「女は、公平な状態の下に、かれらに対して対等の権利をもつ。だが男は、女よりも一段上位である」(三田訳)や「彼女たちには彼女たちに良識により課せられたものと同じものがあるが、男性には彼女たちより一位階がある」(中田・下村訳)とある。非ムスリムの訳では「女は自分が(夫に)対してなさねばならぬと同じだけのよい待遇を(夫からも)受ける権利がある。とはいえ、やはり男の方が女よりも一段高いことは高いけれど」(井筒訳)となっている。いずれも男女の同等性とともに、男性が女性よりも一段上であるという訳が示されている。

次に四章三四節前半では、男性は女性の「擁護者(家長)」(三田訳)や「管理人」(中田・下村訳)、また「男と(女)との間には優劣をおつけになった」(井筒訳)と訳されている。この四章三四節の後半については、クルアーンを英語に訳した女性翻訳者バフティヤルが、「打て」ではなく「去れ」と訳したとしてすでにふれた。この箇所を日本語訳は、日本人ムスリム女性による翻訳(中田・下村訳)も含めて、「打て」との従来の訳し方を踏襲している。概して日本語訳では、男女関係について訳者の立場による相違は明確ではないといえるだろう。

さらにクルアーンには結婚や離婚についての規定も含まれ、契約や持参金（マハル）、離婚などについて述べられている（二章二三六―二三七節、四章二四節、四章一九、三五、一二九節）。議論が多いのが、複数の妻を認めるのかどうかという点で、これは次の句をもとにしている。

> 汝らがもし孤児に対して公正にできそうにないならば、よいと思う二人か三人または四人の女を娶れ。だが公平にできそうにないならば、一人だけ、または汝らの右手が所有する者［＝女奴隷］にしなさい。（四章三節）

この句も解釈に幅があり、現実問題に大きな影響が生じる。字句通りに四人までの妻をもつことを認めることも可能であるし、「公平に扱うことができるならば」という条件を重視して、複数の妻との結婚は事実上認められないという見解もあり得る。

だがクルアーンの「精神」は「男尊女卑」を認めていたというよりも、むしろ、男女の性的役割を明確にし、立場の弱かった女性の地位を改善する方向に向かっていたようである。なぜならば、私たちの生きる二一世紀と、ムハンマドが生きた六～七世紀のアラビア半島では、それぞれの常識が全くもって異なるからである。当時、女児よりも男児が生まれることが親にとっての名誉とされており、貧しいと女児を生き埋めにする習慣があったが、クルアーンはそれを禁止した（一六章五八―五九節、一七章三一節）。また女性には遺産相続権が認められていなかったが、男性の半分という規定ではあるものの、それを認めている（四章一一一一二、一七六節）。また預言者の妻であったウンム・サラマ（?～六七九／六八〇年）が、クルアーンの啓示が男性信者のみに呼び掛けていると抗議した後、男性信者と女性信者の両方に呼び掛ける句が下されている（三三章三五節、一三〇頁に引用済）。これらを見ると、クルアーンは前時代的というよりむしろ、当時としては相当進歩的な、男女平等を志向する思想を掲げていることが明らかであろう。

飲食などの禁止規定

イスラームについて最もよく知られているのは、ムスリムが豚肉を食べず、アルコールも禁止されているということかもしれない。では、なぜ禁止されるのか。クルアーンからその理由を探っていきたい。

イスラーム法（シャリーア）によって、食べ物は「ハラール（許容）」と「ハラーム（禁止）」に分けられる。その他、禁止されているのは利子・賭け事・殺人・窃盗・追剝・姦通である。動物の肉に関してムスリムの規定は厳しいが、それは次の句によっている。

> 彼［＝アッラー］が汝らに禁じたのは、死肉、血、豚肉、そしてアッラー以外［の名］が唱えられ［て屠られ］たものである。だが食べようとしたりわざと反したわけではなく、やむを得なかったのならば罪にはならない。（二章一七三節）

特に豚は不浄なものとされ、肉のみならずそのエキスが含まれているものも含めて口にすることはあり得ない。また厳格な者は、アッラーの名がバスマラで唱えられて屠られた動物肉（ハラール・ミート）を食べたいと考える傾向が強い。とはいえ、「やむを得なかったのならば罪にはならない」のであり、非ムスリム国にいる場合は、鶏肉や牛肉などはそこの国のものを食べる場合が多い。しかしそれでも、豚肉だけは口にしないのが通例である。

他にも、酒・賭矢・偶像・占い矢は悪魔の業とされ、酒と賭矢は人々の間に敵意と憎悪を引き起こして礼拝を妨げるとある（五章九〇―九一節）。利息を貪る者もそれを繰り返せば地獄に落ちるとされる（二章二七五節など）。ここから、イスラーム経済の特色である利子をとらないという原則が生まれることになった。また投資先はハラール商品を扱う企業でなくてはならず、豚肉やアルコール、賭博などに関連する投資はハラーム、つまり禁止とされる。

殺人についての言及も少なくない。正当な理由なしに人を殺してはならず、応報刑となり、来世は地獄に落ちる（四章九二―九三節、六章一五一節、一七章三三節）。人を一人殺すことは全人類を殺すことに値し（五章三二節）、また自分自身を殺してはならない（四章二九節）とされる。窃盗も禁止され、両手切断の刑となる（五章三八節）。追剝禁止もクルアーンで明言されている（五章三三節）。さらに姦通した者には鞭打ち百回の罰、四人の証人がいないまま誰かについて姦通の中傷した者は、八〇回の鞭打ちの刑となる（二四章二、四節）。

戦闘とジハード

クルアーンのなかにある規定のなかでも、女性の立場に関するものと並んで非ムスリムからも関心を集めるのが、戦闘と「ジハード」を扱う句であろう。これは死に直結する内容であり、現在の紛争やテロの多い世界情勢のなかでは、クルアーンの示す時間軸と現実の問題が複雑に交差する、せめぎ合いの場でもある。

確かに、クルアーンには戦闘に関する言及が少なくない。それは、ムハンマド自身が部族間の戦いの多い社会に生き、イスラームを確立させるために奮闘してきたことを背景とする。例えばメッカからメディナに移住した後、メッカ勢力からの攻撃に対して戦闘が続いたなか、バドルの戦いやウフドの戦いについて三章一二一―一二三節でこう語られている。バドルの戦いではムスリム側が弱かったが、アッラーの助けにより勝利し、ウフドの戦いでは数で劣っていたムハンマド側のなかに怯んでいた者がいたが、アッラーが援助し勝利した。よってアッラーを信じ畏れ感謝しなさい、と。

そもそもクルアーンでは武力による戦いは「ジハード」ではなく、「殺害する」を意味にもつq－t－lという「語根」[2]から派生する言葉で表現される。そしていわゆるテロリストは、これらの句を論拠として自らの行為を正当化することが多い。次の句はよく知られるもので、特に九章五節は「剣の句」と呼ばれる。しかし、重要なのは、交戦を認めてはいるが、それには限度や条件があるとされていることである。つまり、無差別無条件に殺戮することを奨励しているわけではないのである（右線の言葉はq－t－l語根の派生形である）。

汝らに戦いを挑む者があれば、アッラーの道のために戦え。しかし侵略的であってはならない。実にアッラーは侵略者を好まない。そのような者たちに会えば、どこでも殺せ。汝らを追放した所から彼らを追放せよ。……だがもし彼らがやめたなら、悪をなす者以外には敵意を持ってはならない。（二章一九〇―一九三節）

聖なる月々が過ぎたなら、多神教徒たちを見つけ次第、殺し、捕らえ、追い込み、すべての道で待ち伏せよ。だがもし彼らが悔い改め、礼拝を守り、喜捨を支払うなら、逃がしてやれ。（九章五節）

これらの句のように、交戦は防衛目的でなされるべきで、限度もあることを示すものは少なくない。ムスリムを攻撃する者のみに対して戦闘が認められ（二二章三九節）、イスラームを受け入れない者と戦う際には、「ジズヤ（人頭税）を納めるまで」（九章二九節）や、ムスリムへの迫害がなくなるまで（八章三八―三九節）という条件があることが示されている。このようにクルアーンには戦闘を認める内容が含まれているが、当時は戦闘が日常の一部であったという時代背景をふまえて理解するべきであろう。

では、「ジハード」とは何なのだろうか。クルアーンでいわれるのは、いわゆる異教徒に改宗を迫り、受け入れなければ殺戮するという行為を意味する「聖戦」のことではない。前述した[3]ように、「ジハード」の原意は一般的な「奮闘努力」で、クルアーンのなかでこれに関連する用語は三五ヶ所あるが、明白に戦闘に関連する「努力」について述べられているものは少数である。解釈にもよるが、戦いに関連するジハードは三分の一程度とする見解や、明白に戦闘に関わるのは一割程度、平和的なものが三分の一、あとはどちらとも解釈できるとする見解もある。さらに中世の大学者ガザーリー（一〇五八〜一一一一年）は自身の内面と向き合い、信仰をさらに強くしていくという「大ジハード」を、交戦としての「小ジハード」よりも重視した。現在の多くのムスリムはこの認識を受け継いでいる。

例えばすでに引用した五章五四節では、アッラーから愛される者について、信仰者に対しては謙虚、不信仰者には権高で、「アッラーの道のためにジハードし」、自分たちを非難する者たちからの悪口を恐れないとされている。二五章五二節に、不信仰者には「それ」を用いて大いにジハードせよ、とあることもすでに述べた。「それ」は「クルアーン」だと解釈され、このジハードは議論や内面的な修養を指すともされる。このように「ジハード」は「奮闘努力」の意味であり、その内実については解釈を待つことになる。

加えて「聖戦」の一般的イメージに通じるであろう殺害や強制的改宗にいたっては、そもそも禁止されている。現在でもテロに関連して引用されることの多いものが、フィトナ（迫害・騒乱）は殺害よりも悪いとする句（二章一九一、二一七節）である。しかし、ここにもまた解釈の相違という問題が頭をもたげてくる。つまり、この「フィトナ」をどう解釈するかで、「殺害」をどうとらえるかが変わってくるのである。例えばテロリスト組織の「イスラム国（ＩＳ）」は、二〇一七年の年明けにイスタンブルのナイトクラブにいたムスリムを「殺害」した者について、ナイトクラブでの享楽行為は「フィトナ」であるとして、この句を引用しながら讃えた。しかし平和主義者で反テロを訴えるパキスタン出身のムスリム学者ターヒル・カードリー（一九五一年〜）はこの「フィトナ」を社会的不安を与えるテロだと解釈して、それを禁じる見解を示している。このように、真逆の解釈も成立し得るのである。

しかしながら、やはりクルアーンのなかで殺人は明白に禁じられているとするのが大多数のムスリムのコンセンサスである。人を殺すことは全人類を殺すことに匹敵し、人の生命を救うことは全人類の生命を救うことだとする次の句は、広く認知されている。

人を殺したり地上で悪事をなしたといった理由もなく人を殺す者は、全人類を殺したのと同じである。人の生命を救う者は、全人類の生命を救ったのと同じである。（五章三二節）

「聖戦」という言葉には、改宗をせまって受け入れられなければ異教徒を殺戮するというイメージがまとわりつく。実際のところクルアーンは、ユダヤ教徒やキリスト教徒を非難する言葉を多く含むが、他宗教を認めることが前提となっており、特に次の句はよく知られている。

宗教には強制があってはならない。（二章二五六節）

「お前たちにはお前たちの宗教、私には私の宗教がある」。（一〇九章六節）

さらには、宗教上のことで戦わず、追いやったりされなければ、非ムスリムに対しても親切かつ公正に接するべきとされる（六〇章八節）。またモスク同様に修道院や教会、礼拝堂（シナゴーグ）の安全性を保証することが示唆されている（二二章四〇節）。

以上をふまえると、自爆テロや殺人がイスラームの教えにとって極めて例外的な行為であることがわかるであろう。実際に、それがクルアーンの「人を殺さない、自分も殺さない」という原則に反するのではないかという議論が、ムスリムの間でも続けられている。ある者は「自爆テロ」を「殉教」ととらえて肯定しようとし、またある者は「自殺」だとして否定するが、これらのすべては、そもそもがクルアーンの句をめぐって生じる解釈の問題に帰結する。例えば次のような句で、ジハードと天国が結びつけられ、「殉教」を肯定する根拠とされることがある。

信仰し、移住し、自分の財産や生命を捧げてアッラーの道のために奮闘（ジハード）した者は、アッラーの御許で最高の位階にある。……そしてそこには彼らに永続する至福がある。（九章二〇―二一節）

ただし、自爆テロを容認する意識がムスリム社会で生じることがあるのは、現在の中東、特にパレスチナ問題の過酷さ・逼迫さとイスラームの死生観が歪に結びついたためと考えられる。つまり、元からイスラーム世界に伝統的にあったのではなく、むしろ現代の中東情勢という特異な政治的背景から生まれてきたものといえるかもしれない。

終末から来世へ

この世は必ず終わるとするのがクルアーンの世界観であり、それは予兆の後のことだとされる。クルアーン一〇一章は全部で一一節の短い章であるが、最後の日の、まさに黙示録的な情景を描いている。その時、人間は飛び散る蛾のように、山々は梳かれた羊毛のようになるという。その後、「秤」を用いて現世での善行が量られ、来世での行き場が天国か地獄かが決められることになる。次の「戸を叩く音」とは終末の時の不気味さを表現しているとされる。

戸を叩く音。
戸を叩く音、とは何か。
戸を叩く音、が何なのかを汝に理解させるものは何か。
人間が飛散する蛾のようになる。
山々が梳かれた羊毛のようになる。
秤が重い者はと言えば、
幸福で満ち足りて暮らす。
秤が軽い者はと言えば、
奈落がその里となる。
それが何なのかを汝に理解させるものは何か。
灼熱の業火である。(一〇一章一—一一節)

天変地異が最後の日の予兆とされ、月が裂ける（五四章一節）、天が割れて地が伸び広がる（八四章一、三節）ともいわれる。またラッパが吹かれるという予兆についてもしばしば言及され、その後、死者が墓場から甦って出てくるとされる（三六章五一節など）。前述したように裁きは秤の軽重で判断されるが、生前には善行と悪行が記録されており、それが裁判の時に渡される。すぐに善行と悪行の記録が「計算」され、右手に渡される者は楽園に行くが、背後や左手に渡される者は地獄に行くことになる（六九章一九―三二節、八三章、八四章七―一二節）。審判の日に善行悪行の総計が「計算」して出されることから、この日はしばしば「清算の日」とも呼ばれる。これは、ムハンマドが元々商人であったことに由来するともされる。

このように現世での善行と悪行に基づいて裁かれ、来世が決められるわけであるが、非ムスリムはどうなるのであろうか。クルアーンでは、多神教徒や偶像崇拝者は地獄に行くとされるが、「啓典の民」、つまりユダヤ教徒やキリスト教徒については、もう少し緩やかな判断が下されるようである。次の句は唯一神と最後の日を信じて善行を積めば、彼らも楽園に行くと述べている。

実に信仰者やユダヤ教徒、サービア教徒[4]、キリスト教徒で、アッラーと終末の日を信じて善行に励む者には、恐れも憂いもないであろう。（五章六九節）

だがこの句に続いて、イエスを神だとしたり三位一体説を唱えたりする者、つまり唯一神崇拝から逸脱している者は、楽園ではなく業火に行くと述べられている。なぜならばクルアーンによれば、イエスは一人の神の使徒にすぎないからである（五章七二―七五節）。唯一神への信仰、つまり「イブラーヒームの純正の教え」に正しく従っているならば、ユダヤ教徒やキリスト教徒であっても楽園に行くことができる。このようにクルアーンの他宗教観は唯一神信仰（タウヒード）の枠の中にいるかどうかで判断される。このような他宗教観、つまり「イスラームの他者観」は現代ますます重要な論点となっており、次の節で少しふれることになる。

では、来世とはどのような場所なのだろうか。クルアーンでは、楽園（天国）と業火（地獄）それぞれの様子が具体的に描かれている。楽園にはいくつもの川が流れ、木陰があり、緑の絹の衣を着て寝床でゆったりとくつろぐことができる。そこでは果物や飲み物を好きなだけ飲食でき、傍らには美しい男女が侍り、飲み物はいくら飲んでも酔わず、瞳の美しい乙女と結婚することができるともされる（三七章四二―四七節、三八章五〇―四二節、四四章五四節、七六章一二―二二節）。この啓示を聞いた初期のムスリムたちが過酷な砂漠地域に住んでいたことを考えると、その現実の裏返しが、理想の楽園のイメージとなったのではないかと推測できる（図3）。

図３　アルハンブラ宮殿に併設される庭園ヘネラリフェ。楽園のイメージで造られたとされる（筆者撮影）

そして天国の人々が下を見ると地獄があるとされる。クルアーンでは、楽園に入ったある者が、最後の日を信じていなかった友が業火にいるのを見つけたという情景が語られている。天国に入った者は地獄にいる者に「アッラーに誓って、あなたのせいで私はもう少しで破滅するところでしたよ」といっている（三七章五〇―五七節）。これは楽園に行けた者と業火にいる者との切実な境遇の差として、信徒の胸に刺さる描写であろう。

一方、クルアーンは地獄についても詳細に語っている。

我々の徴を信じない者は、いずれ業火に投げ込んでやろう。彼らの皮膚が焼けただれる度に、我々は皮膚を取りかえて、懲罰を味わわせる。（四章五六節）

楽園が砂漠の人々の理想であるならば、地獄は砂漠の過酷さの極限状態かもしれない。クルアーンはさらに、「煮え立った湯」や「膿の汁」、「溶けた銅のような水」、「煮えたぎる泉水」を飲まされるとしている（六章七〇節、一四章一六節、一八章二九節、八八章五節）。また地獄の底にある木になっている悪魔の頭のような果実を食べさせられてお腹がいっぱいになり（三七章六四―六六節）、また苦い茨だけ食べさせられて飢えは癒されないという（八八章六―七節）。このように、明らかに業火での罰は、楽園での好遇と好対照なものとして描かれているのである。

以上、第Ⅱ章から第Ⅲ章にかけて、クルアーンが何を語っているのかを概観してきた。クルアーンが実に様々な切り口から、その言葉を聞く者にムスリムになるよう「説得」していることがわかるだろう。このような説得は、自らの信仰が正しく真であると信じる場合には、当然のことだといえる。

入信しなければ地獄に行くはずの人がいれば、こちらに入りなさいと声をかけたくなる気持ちは、人としてそれほど不可解ではないはずである。そしてもちろん、それを受け入れるかどうかの判断は、個々に委ねられることになる。クルアーンは「説得」のために、アッラーがこの世のすべてを創造して終えるという世界の時間軸について述べ、その時間軸のなかに生きる人間が不信仰者の破滅と信仰者の繁栄の歴史を繰り返した後、来世でそれぞれの報いを受けるであろうと語っている。つまり、人々に信じるか否かを「警告」と「吉報」の両側面から迫っている。このようにクルアーンという書物は「説得する書」であり、その教えを受け入れるか否かという二元論的世界観を提示しているのである。

2　今なお解釈される書物として

ムスリム社会にとってのクルアーンは、現代日本における憲法に共通する側面がある。どちらも大変な権威と拘束力をもつ理念を説く文言であり、ゆえにその解釈が様々になされ、議論を呼ぶ。日本でも例えば憲法第九条をどのように解釈すればよいか、議論が続いているが、未だ解決を見ていない。その策として改憲という主張も出ている。これはクルアーンを考える上で重要な点である。というのも、クルアーンの文言は変更することは不可能だからである。それはもちろん、神の言葉だと考えられているからである。したがって、クルアーンは解釈することでそれを読む者の文脈に適応させていくしかなく、ムスリムは極めて制限された状況のなかで「聖典」と向き合っているということになる。

それゆえに、クルアーンをどう解釈するかにムスリムの知的営為が集中し、解釈（タフスィール）やイスラーム法学（フィクフ）という学問分野が発展してきたのである。

クルアーンが「説得」する書であるならば、「説得された者」は「信者」つまりムスリムであり、「説得されていない者」は「不信仰者」、つまり非ムスリムである。これまでの歴史では、クルアーンに向き合う二つの立場が交わることはまれで、「翻訳」や研究を通して細々と理解が進んできた。しかし現在は、共に新しい形でクルアーンに向かい合う時代になった。ムスリム社会では、かつてはウラマーがクルアーン解釈を独占してきたが、近代以降は一般の信徒が印刷されたクルアーンを広く読むようになり、ウラマーでない知識人やアラビア語を母語としないマイノリティ・ムスリムによる解釈が登場するようになった。非ムスリムにとってもまた、植民地支配や移住などにより直接的なムスリムとの接触の機会が増え、また戦争やテロなどの報道で情報を間接的にも得られるようになったため、クルアーンを理解することが必須となっている。そこで問題となるのが、双方の立場が折り合えるクルアーン理解の場は、果たして成立し得るのだろうか、ということである。第Ⅰ章では、西洋世界がクルアーンの「翻訳」や研究を積み重ねてきたことを概観したが、ここからはムスリムがどのようにクルアーンを理解してきたのか、その解釈の歴史を見ていきたい。

前近代のクルアーン解釈（タフスィール）

クルアーンはわかりづらい箇所を多く含んでいる。ムハンマド存命中であれば、彼自身が説明することができた。実際に、クルアーンの章句の意味を解説するハディース（ムハンマドの言行伝承）も伝えられている。だがムハンマド亡き後は、神から人間へのメッセージも絶え、人々は残されたクルアーンとハディースに基づいて行動することになった。さらにムスリムの生きる地域はアラビア半島を超えて広がり、時代が下るにつれて、当然ではあるがムハンマドの周辺では生じ得なかったことが起こり、クルアーンの文言だけでは判断が困難になっていった。

そこで徐々に成立していったのがクルアーン解釈という学問分野で、アラビア語でタフスィールと呼ばれるようになった。近代以前においては、クルアーンを解釈者の個人的な見解（ラアイ）で解釈することへの反発が強かった。よって伝承経路（イスナード）の確実なムハンマドやその教友、高名な学者の言葉を伝える伝承を解釈の根拠とする伝統が形成された。すでにふれたが、「教友（サハーバ）」とはムハンマドと接した第一世代のムスリムのことである。例えばムハンマドの従兄弟のイブン・アッバース（六二〇頃〜六八七年）には、多くのクルアーン解釈の言葉が帰されて伝えられている。この解釈潮流は「伝承によるクルアーン解釈（タフスィール・ビル＝マアスールまたはタフスィール・ビル＝リワーヤ）」と呼ばれる。また「知識に基づく解釈（タフスィール・ビル＝イルム）」とも呼ばれ、近代以前はスンナ派の主流となってきた。

対して、知識のみならず自らの思索を用いる解釈は「見解によるクルアーン解釈（タフスィール・ビル＝ラアイ）」と呼ばれる。主に神学者による思弁的な議論が反映されるタフスィールがここに含まれ、伝統的にスンナ派の主流派からは否定的にとらえられてきた。例えばイブン・アッバース経由で、ムハンマドが「クルアーンを自分の見解でもって解釈する者は、地獄の業火に落とされるであろう」と述べたというハディースが伝えられている。実際にムハンマドが述べたかは不明だが、このような言葉が伝えられている意味は大きいだろう。

伝承によるクルアーン解釈

タフスィール史最初期の重要文献は、タバリー（八三九～九二三年）の『クルアーンの解釈における説明集成』で、現代に至るまで頻繁に参照される総合的な解釈書である。彼はイランに生まれ、学問の中心地であったアッバース朝首都バグダードに八七〇年に移り住んだ。数多くの文献をアラビア語で執筆し、歴史書『諸使徒と諸王の歴史』と、このタフスィールが特に知られている。このタフスィールは「伝承によるタフスィール」の典型例で、膨大な数の伝承を引用し、見解ごとに分類する手法で、クルアーンの文言がもつ複数の可能性を提示する。タバリー自身の見解が明確に示されないことも多く、伝承の選択によってそれが示唆されていると考えられている。だがそれゆえに大量の情報を含み、彼以降の多くの解釈者（ムファッスィル）たちが引用することになっており、現在に至るまでタフスィール学の基礎とみなされている。

その後、スンナ派のタフスィールとして高い評価を受けているものとして、バイダーウィー（?～一二八六／一二九一年）の『啓示の諸光と解釈の秘密』がある。彼もイラン出身で、一二五八年にモンゴルの侵略によるアッバース朝の終焉を経験した。後述するザマフシャリー（一〇七五～一一四四年）のタフスィールからムウタズィラ派的要素をなくし、簡潔にしたものとして知られる。バイダーウィーの解釈は、中東のみならずインドネシアなど東南アジアのムスリムの間にも広く依拠されてきた。

イブン・カスィール（一三〇〇頃～一三七三年）はシリアのダマスカスで活躍したハディース学者で、

著名なハンバル派法学者イブン・タイミーヤ（一二五八〜一三二六年）の弟子であった。イブン・カスィールのタフスィール『偉大なるクルアーンの解釈』の解釈方法は「クルアーンによるクルアーンの解釈」である。意味をとらえるためには、まず類似する句をクルアーン全体から探して参照し、それでも意味が明確にならない場合はハディースを用いる。さらに、それでも明確でなければサハーバの言葉を参照し、それでもわからなければその次の世代の人々の言葉を参照する、というものである。これは「伝承によるタフスィール」の一つの究極的な形であろう。今もこのタフスィールは、スンナ派古典期タフスィールの基本文献の一つとされている。

ジャラールッディーン・スユーティー（一四四五〜一五〇五年）はカイロ生まれで、コーカサス系とペルシャ系の家系に属し、父はシャーフィイー法学派の教師であった。多くの師の下で、伝承学、タフスィール学、法学、神学、歴史学、哲学、言語学を学んだ。スーフィズムにも関心があり、スーフィー教団にも所属していた。長じてはカイロのモスクで法学やハディースの教師となり、エジプト以外にダマスカス、ヒジャーズ地方、イエメン、モロッコなどを旅し、学者としての高い評価を得て、カイロで死去した。七〇〇もの著作を書いたとされ、クルアーン学における貢献も大きく、『クルアーン学の完成』はこの分野の基礎的文献とされる。

スユーティーはタフスィールとして、膨大な伝承を引用して、『伝承による解釈における貫き止めぬ真珠』を編んでいる。ここには、タバリーのタフスィールには含まれていない伝承も多く、それ以降にどのようなものが流布したのかを知る資料としても重要である。またスユーティーと師のジャラールッディーン・マハッリー（一三八九〜一四五九年）によって、『二人のジャラールのタフスィール

（タフスィール・ジャラーライン）』が書かれた（中田香織による日本語訳が日本サウディアラビア協会より刊行されている）。マハッリーが一章と一八～一一四章までを書いたところで死去したため、スユーティーが二～一七章を書いて完成させている。『二人のジャラールのタフスィール』にはハディースや言語的解説が含まれているが、極めて簡潔な記述となっているため、中東以外に東南アジアのムスリムによっても伝統的に用いられてきた。

シーア派のクルアーン解釈

シーア派のタフスィールは「見解によるタフスィール」に分類され、反スンナ派意識とイマームの[6]正統性の擁護が解釈においても見受けられる。シーア派信徒は、正統カリフたちがクルアーンの編纂の過程でアリーを認める内容を削除したという疑念をもち、これがタフスィールで読み込まれることがある。例えば「アッラーが啓示したことを信じなさい」（二章九一節）が、本来は「アッラーがアリーについて啓示したことを信じなさい」であったとする解釈がなされる。これはシーア派の主張である、ムハンマドの後継者が正統カリフたちではなくアリーだという世界観を反映している。第一一代イマームのハサン・アスカリー（八四四／八四七～八七三年）に帰される解釈書には、「自分の野心がその知恵を上回る者たちは、アッラーの書の真の意味を捏造し、変更した」とある。その後、一〇世紀になると政治的状況の変化によって反スンナ派意識が弱まり、シーア派の学者たちは、スンナ派はクルアーンのテクストは読み方に関して不完全さがあるものの、捏造はないと考えるようになっていった。

シーア派によれば、クルアーンを解釈する権威はアリーやその子孫のイマームたちにあり、彼らを通してのみ、クルアーンのザーヒル（外的）な意味とバーティン（内的）の意味を解明することができるとされる。イマームによるタフスィールとしては、第六代イマームのジャアファル・サーディク（七〇〇頃〜七六五年）に帰される『クルアーンのタフスィールの真理』と、前述の第一一代イマームのハサン・アスカリーに帰される『アスカリーのタフスィール』が残されている。だが九四一年に第一二代目のイマームが「お隠れ（ガイバ）」[7]した後には学者たちが解釈を担うこととなった。シーア派の学者によるタフスィールについては、トゥースィー（九九五〜一〇六六／一〇六七年）の『クルアーンのタフスィールにおける解明』や、タバルスィーの（一〇七七／一〇七八年〜一一五四年）『クルアーン諸学における解明集成』などが知られている。

さらに現代においては、イランの大哲学者タバータバーイー（一九〇三〜一九八一年）の『クルアーンのタフスィールにおける秤』が広く知られている。また最初のムスリム女性解釈者ヌスラト・アミン・ハヌム（一八九五〜一九八三年）の『クルアーン諸学における霊知の宝』が、一九五七年から約二〇年にわたって刊行された。ヌスラト・アミンは二〇世紀末にイランのイスファハーンの裕福な商人の家に生まれ、幼い頃からクルアーンやアラビア語、イスラーム諸学を学び、学者として認められた。そのタフスィールは、シーア派解釈者のものだけでなくスンナ派の解釈書も多く引用し、神秘主義的な傾向をもつ。

個人見解によるクルアーン解釈

「個人見解によるタフスィール」の重要な一分野として、神学的タフスィールがある。ムウタズィラ派に属すザマフシャリーのものが広く知られ、これがバイダーウィーのタフスィールの元となったことは前述した。ザマフシャリーはアラル海南部のホラズム地方（現トルクメニスタン）に生まれ、ブハラやサマルカンド（現ウズベキスタン）、バグダードで学び、その後には文法やアラビア語学を教えた。彼のタフスィールである『啓示の真理の開陳と解釈の諸側面に関する諸言説の本質』は、その神学的主張よりもアラビア語の文法学・修辞学的解釈書として知られ、この点ではスンナ派の主流派からも認められている。

しかし、スンナ派の正統な神学派となったのは、ムウタズィラ派に対抗したアシュアリー派であった。この派に属す神学者ファフルッディーン・ラーズィー（一一四九～一二〇九年）の『不可視界の鍵』（『大解釈』）は、多様な論点について書かれ、神学的タフスィールとして重要なものだとされる。彼はイランに生まれ、父も著名な宗教学者で、ヘラート（現アフガニスタン）で死去した。反ムウタズィラ派の立場にあり、彼自身、神学や哲学を学んだが、クルアーンを読むほどには深い満足を得ることはできなかった、と述べたという。彼のタフスィールは、神学的議論のみならず、文法や伝承、法学、神秘主義、哲学といった多様なイスラーム思想を含む、百科全書的な膨大さが特徴である。アラビア語学や文法に関する議論は、ザマフシャリーのタフスィールに依拠している部分が多い。

スーフィー的クルアーン解釈

スーフィー的解釈も「個人見解によるタフスィール」に属し、ここで強く見られる傾向は、ザーヒル、つまり字義通りの意味に加えて、バーティンという隠された意味を重視することである。よって、法学的議論には関心が薄い。イラン出身でバスラで死去したトゥスタリー（八一八～八九六年）の『クルアーン理解の書』（『偉大なるクルアーンのタフスィール』）が、最も古いスーフィー的タフスィールとされる。クシャイリー（九八六～一〇七二年）はイラン出身のアラブ人で、そのタフスィール『秘められた暗示』は、知性、心、精神、再奥の秘密、秘密のなかの秘密という段階を追って、クルアーンの隠された意味にせまっていくものである。また「分割文字」に関して、例えば第二章冒頭の「ALM」が「アッラー Allāh」、「ラターイフ laṭāʾif（秘められた事）」、そして「マジード majīd（栄光ある者）」と「マリク malik（王）」というアッラーの別名だという解釈を示している。さらにジハード（八章四一節）に関しても内外の二種あるとし、不信仰者に対する外的なものと、魂と悪魔に対する内的なものに分けている。また、七章一四三節のモーセがアッラーのもとに赴くくだりに関しては、モーセのアッラーに対する強い愛情と自我の消失が読み込まれており、極めてスーフィー的な忘我的解釈であるといえる。

以上の古典期のタフスィールの主流は、伝承を論拠として、「字句ごとの解釈」（タフスィール・ムファルサル、「鎖状注釈」の意味）を展開するものであった。そうすることで、ムハンマド以降に生じた、人間の「恣意的な見解」を神の言葉に付すことを回避しようとしてきたのである。それは信仰に基づく敬虔な心に寄る部分もあったであろうが、同時に、伝統を遵守し先例を踏襲することを旨とする、保守的な解釈伝統を生む土壌にもなっていった。近代以前の解釈者は、学問的訓練を長年にわたって受け、同時代人のなかでも最も優れているとされた、高い評価を得ているウラマーであることが多かった。こうした解釈者は男性で、かつ、その著作はアラビア語で書かれた。

近代以降のタフスィール——科学的思考とイスラーム主義

中東のムスリム社会が西洋の衝撃を直接受け、近代化を本格化させた契機は、一七九八年から一八〇一年にかけてのナポレオンのエジプト遠征であった。日本でいえば、一八五三年の黒船来航に比する重要な歴史的出来事である。日本では黒船来航の衝撃を受けて、江戸幕府が開国を決意した。そして倒幕と明治維新を経て、明治政府が成立し、富国強兵・殖産興行のスローガンのもと、西洋化・近代化の道を邁進した。対してオスマン帝国が支配していた中東での西洋の衝撃は、黒船来航より半世紀ほど早かった。このナポレオン遠征後、オスマン帝国の弱体化は進み、エジプトにはムハンマド・アリー朝（一八〇五〜一九五三年）が生まれ、日本より先んじて近代化を推し進めた。しかし、日本は西洋列強の植民地となることはまぬがれたが、中東はそうはいかなかった。

その後、中東地域は主に英仏の植民地となり、社会全体が大きく揺れ動いた末に、現在に至っている。特に一九世紀後半から本格的に近代化が進み、イスラーム文明と西洋文明の関係をどのようにとらえていくのかが重大な問題となった。完全な西洋化、もしくは完全なイスラーム回帰を主張する者たちもいたが、西洋文明を学び、イスラームと両立させようとする者も現れた。

そして、やはりクルアーンの解釈も新しい局面に突入した。そこでまず生じたのは、解釈方法論と解釈者の変化であった。解釈方法論はそれまでの「伝承によるタフスィール」を重視する立場から、

「個人見解によるタフスィール」を追及する方向に進んだ。そのためにクルアーンの冒頭から伝承を引用しながら解釈するという、「字句ごとの解釈」の伝統が乗り越えられるようになる。これに代わって、特定の章に特化した解釈や、特定のテーマに関連する句を集める解釈が増えるようになった。これはテーマ的解釈（タフスィール・マウドゥーイー）と呼ばれている。つまり近代以降、解釈者の「見解」をクルアーンにぶつけて、そこから何かを引き出そうとする解釈学的試みが始まったということである。

こうした流れのなかで、解釈者も変化する。かつてはマドラサで宗教教育を受け、アラビア語に堪能な男性ウラマーが中心であったが、近代になると、西洋的な学問を学んだ世俗的知識人も解釈の場に参入し、そのなかには女性や非アラブ圏の出身者も含まれるようになった。このような非伝統的な新しいタイプの解釈は、当然ながら伝統的な解釈を良しとする保守層からは反発を受け、社会的問題となることもあった。これらの流れを押し進めた背景には、印刷技術の発達に始まる情報伝達メディアの発展や、移動の簡易化による人的交流の緊密化、つまりグローバリゼーションがあるといえるだろう。

英国支配下のエジプトとインド

タフスィールの近代化に関して、エジプトの大学者ムハンマド・アブドゥ（一八四九〜一九〇五年）は大きな影響を後世に残した。彼はアズハル大学で学んだ伝統的ウラマーであったが、学問や教育制度の改革の端緒を開き、中東だけでなく、世界中のムスリムに影響を与えた。アブドゥはイギリスがエジプトを保護国化していく時代に生き、パリへの追放も経験して西洋世界を学んだ。その思想はムハンマドやサハーバたちの時代を重視する「サラフィー主義」と呼ばれるものであったが、イスラームは啓示と理性を重視し、西洋思想と共通性をもつと考えていた。つまり西洋文明を否定してイスラームの原点に回帰することを目指したのではなく、中世の伝統を否定することでイスラームの原点に回帰し、西洋との接点を見出そうとしたのであった。

アブドゥのタフスィールは、弟子のラシード・リダー（一八六五～一九三五年）が刊行した雑誌『マナール』に掲載され、後に『マナールのタフスィール』としてまとめられた。クルアーン冒頭から四章一二四節までは、リダーがアズハル大学でのアブドゥの講義を記録し、確認をとった。アブドゥの死後は、リダーが解釈を継承し、一二章一〇七節までで終了している。その解釈はアブドゥのイスラーム観を反映しており、ハディースにあまり依拠せず合理的な判断によって解釈を試み、クルアーンを文学的な視点で読むことを提起した。また、クルアーンは科学的知見や自由意志を認めていると解釈している。彼は、ムウタズィラ派同様に人間には自由意志があると主張し、それは中世の主流神学派であったアシュアリー派による、アッラーが人間の行為すべてを創造しているという思想と対立するものである。

「天の書板」に関する解釈でも、そのことがよく反映されている。「天の書板」とは前にもふれたが、クルアーンで「護れらた書板」（八五章二二節）や「明瞭な書物」（六章五九節）という言葉で呼ばれ、この世のすべての事象がここにあり、今もなおアッラーが定める運命論の根拠とされる天上の書物である。

不可視界の鍵は彼［＝アッラー］の御許にあり、彼以外はこれを知らない。彼は陸と海にあるすべてを知り、一枚の木の葉も彼が知らずに落ちることはなく、大地の暗闇の穀物一粒が潤っているのか枯れているのか、明瞭な書物にすべてである。（六章五九節）

伝統的解釈書では、「天の書」が宝石でできた美しい板で、アッラー近くの天上にあり、ここにすべての事象が天地創造以前にペンで書かれているとする伝承が、多く引用されている。しかしアブドゥはそのような解釈を踏襲せず、「伝承によるタフスィール」のウラマーたちの解釈は間違っているとした。彼によれば、クルアーンのなかで運命が定められているとは述べられてはおらず、ただ「護られた書板」にアッラーの知識があるということのみ明らかにされているのである。このアブドゥの解釈は、ムスリムを運命論から抜け出させ、自由意志による努力へと向かわせる「近代的」なものだといえる（詳しくは、拙著『イスラームにおける運命と啓示』を参照されたい）。

また一九世紀以降インドでも、イギリス支配に抵抗してイスラームの改革が進められ、そのなかでタフスィールが近代化されていった。ムガル帝国の衰退を背景に、イスラーム思想や社会の改革を主張し、インド亜大陸に大きな影響を与えたシャー・ワリーウッラーが、ペルシャ語でタフスィールを著した。さらにその長男シャー・アブドゥルアズィーズ（一七四九〜一八二四年）もペルシャ語で、その三男アブドゥルカーディル（一七三五〜一八一五年）がウルドゥー語でタフスィールを著している。

ムガル帝国がイギリスによって滅ぼされた後、植民地となったインドでは、サイイド・アフマド・

ハーン（一八一七〜一八九八年）がアブドゥ同様に、英国支配に直面しながらも共存を模索した。彼はイスラームと科学との調和を目指す啓蒙主義的思想をもち、一八九二年刊行の『タフスィールの原理の解放』で合理主義的なクルアーン解釈を主張した。またアブルカラーム・アーザード（一八八八〜一九五八年）は、イスラーム世界の危機の解決を目指し、アフマド・ハーンの合理主義的解釈を継承して、ウルドゥー語のタフスィール『クルアーンの解釈者』を一九三二年に刊行した。

科学的クルアーン解釈

タンターウィー・ジャウハリー（一八六二〜一九四〇年）はエジプトに生まれ、アズハル大学で学んだ。彼は、科学を学ぶことでイギリスの支配下にあった祖国を強くする必要があると考えた。その思想が反映されたものが『偉大なるクルアーンのタフスィールにおける宝石』（一九二三〜一九三五年）で、「科学的クルアーン解釈（タフスィール・イルミー）」と呼ばれる分野に属する。すべての科学的発見はクルアーンで言及されているとして、例えば地獄は燃えている地球、つまり火山のことだとした。ただしアブドゥなど近現代の解釈者たちは、このような解釈手法はクルアーンの本来の意図を汲んでいないと批判し、サウディアラビアでも発禁となった。対して西洋社会は彼に高い評価を示し、ノーベル賞候補にもなったようである。

西洋の圧力に直面していたオスマン帝国末期においても、全面的に科学的なクルアーン解釈をほどこしたわけではないが、西洋的科学とイスラームが矛盾しないと考える思想家が現れた。サイイド・ヌルスィー（一八七三／一八七六〜一九六〇年）は、トルコ東部のクルド人家系に生まれた。イスラームを守るために教育に関心をもち、トルコ東部の都市ヴァンに学校を建て、自然科学と宗教の双方を教えた。また一九〇七年に首都のイスタンブルに出て、大学設立を政府に訴えた。一九二〇年代には多くの著作を著し、支持者を増やしたが、オスマン帝国崩壊後、いくつもの場所を転々とする流刑の身となった。このなかでヌルスィーは執筆を続け、その文書がまとめられた著作は『光の書簡』と呼ばれている。現在もヌルスィーの思想に共鳴する者たちはヌルジュ（自称はヌル・タレベレリ）と呼ばれる団体として活動を継続している。

ヌルスィーのクルアーン解釈には、科学に対する関心が強く見られる。彼はアッラーについて知るために科学の知識が必要だと考え、そのために理性を適切に用いることを主張した。特に一九二六〜一九二九年に書かれたクルアーン解釈において、来世や復活、運命、アッラーの唯一性など神学的・宗教的問題が説明され、アッラーが人間の魂だけでなく自然のなかにも見出されるとして、精神的な意識を高めることが目指されている。

さらに、フランス人ムスリム改宗者モリス・ビカユ（一九二〇〜一九八八年）は一九七六年に『聖書、クルアーンそして科学』を刊行し、そのなかで、科学とクルアーンは矛盾しないと主張し、注目を集めた。彼はサウディアラビアのファイサル国王（在一九六四〜一九七五年）やエジプトのサダト大統領（在一九七〇〜一九八一年）の家庭医だったとされる。

これらの「科学的タフスィール」は、西洋文明の影響が強まるなか、ムスリム社会がそれに対応する一つの手段として、クルアーンは近代西洋科学を先取りしていた、と主張する言説として生まれてきたと考えられる。

文学的クルアーン解釈

アブドゥの後、一九四〇年代から一九六〇年代にかけて、エジプトで「クルアーンの文学的解釈（タフスィール・アダビー）」が現れた。その背景には、西洋的人文学がカイロ大学を通して学ばれ、ムスリム知識人がそれを自らのものとし始めたことがある。例えばすでにふれたが、エジプト国民大学（現カイロ大学）教授を務め、後に文部大臣になったターハー・フサインが『ジャーヒリーヤ時代の詩について』で、クルアーンで言及されているイブラーヒームに関する歴史的物語の信憑性に疑問を呈し、社会的問題となった。

この後、ファアード一世大学（現カイロ大学）のアラビア語学教授であったアミーン・フーリー（一八九五～一九六六年）とその門下生たちが、新しいクルアーン解釈を世に示した。フーリーはクルアーンを実際には解釈しなかったが、西洋で行われていた文学研究と歴史研究の方法を用いることで、その真の文学的・言語的超越性を理解することができると考えた。その指導の下、ハラファッラー（一九一六～一九九七年）が、クルアーンの預言者物語を歴史的事実ではなく倫理的な比喩物語として理解することを試み、一九四七年に博士論文を提出した。しかしアズハル機構の保守的ウラマーからクルアーンに対する冒瀆だと批判され、ハラファッラーは大学を去ることを余儀なくされた。

他方、フーリーの弟子であり妻でもあったビント・シャーティウ（本名アーイシャ・アブドッラフマーン、一九一三～一九九八年）は、その解釈方法論の修辞的側面を適用して『偉大なるクルアーンの修辞的解釈』を一九六二年に出版し、ベストセラーとなった。さらに、後で述べるカイロ大学助教授であったアブー・ザイド（一九四三〜二〇一〇年）はアミーン・フーリーのクルアーン解釈方法論の影響を受け、西洋の解釈学を取り込んでクルアーンの歴史性を強調したが、保守層から批判を受け、エジプトから亡命した。このように、クルアーンを人間の歴史のなかに位置づけて理解しようとする試みは、それがクルアーンの超越性を認めたものであったとしても、保守層からは神の言葉を人間の領域で理解しようとする行為だととらえられ、社会的に大きな批判を受けてきた。アブー・ザイドも含め、欧米の大学を研究活動の場とするムスリム知識人たちがこの潮流を発展させ、後世にも影響を与えているが、それについても、少し後で述べることにしたい。

イスラーム主義的クルアーン解釈

イスラーム主義者によるクルアーン解釈も、近現代という時代の落とし子である。「イスラーム主義者」はしばしば「原理主義者」や「過激派」とも呼ばれ、なかにはテロ活動に関わる者もいる、急進的ムスリムのことを指す。その主張の基本は、シャリーアを適用したイスラーム国家樹立にあり、サラフへの回帰を目指すことから「(ネオ) サラフィー主義」と呼ばれることもある。このイスラーム主義的潮流は、西洋文明への反発とムスリム社会の腐敗への憤りを背景として生まれた。西洋列強支配下にあった中東や南アジアで、第一次世界大戦と第二次世界大戦の間に現れ、一九七〇年代に本格的に広まっていった。エジプトで一九二八年にハサン・バンナー（一九〇六〜一九四九年）がムスリム同胞団を、インドでは一九四一年にマウドゥーディー（一九〇三〜一九七九年）がジャマーアテ・イスラーミーを創設し、イスラーム国家樹立を目指す改革運動を始めたのであった。

ムスリム同胞団のカリスマ的イデオローグであったサイイド・クトゥブ（一九〇六～一九六六年）の著した解釈書『クルアーンの陰で』は、特に大きな影響力をもった。彼は一九〇六年にエジプトで生まれ、幼い頃にクルアーンを暗誦し、クルアーン学校（クッターブ）の生徒たちとクルアーン読誦コンテストを開催した。カイロの師範学校で学び、教育省に勤務するかたわら、世俗的な民族主義者として文筆活動も行っていた。一九四八年から一九五〇年の間、教育省から派遣されてアメリカに滞在したが、アメリカ社会が物質主義的で倫理的に堕落していると感じて、反米意識をつのらせた。帰国後、教育省を辞めてムスリム同胞団に加わり、急進的イデオローグとして頭角を現した。ナセル大統領（在一九五六～一九七〇年）の暗殺未遂事件もあり、クトゥブを含む同胞団メンバーは投獄され、彼は一九六六年に処刑された。カリスマ性のある思想家として、中東以外でも崇拝者が少なく、現在でもその影響が広く見られる。

クトゥブはイスラーム主義への関心を強める以前から、クルアーンについて、特にその文学性について論考を著していた。だが米国から帰国すると、一九五二年から雑誌にクルアーン解釈を書き始め、さらに投獄中も執筆を続け、初期に書いた個所もよりイスラーム主義的に修正していった。このように、彼のタフスィールの最大の特徴は、解釈者の活動と解釈内容が密接に関連していることにある。クトゥブ自身の社会や国家への見解やクルアーンの文学的特性への言及が、ハディースや、タバリー、ザマフシャリー、イブン・カスィールなどのタフスィールや『マナールのタフスィール』を引用しつつ、展開されている。マウドゥーディーへの言及もあるが、その解釈書のことは知らなかったようである。そこでは政治体制も社会制度も、すべてクルアーンにあるアッラーの意志に基づくと考える、神中心的な思想が基盤にある。人はアッラーに宇宙の一部として創造され、アッラーの命令（シャリーア）に従い、現世におけるアッラーの代理人としての務めを果たさなければならない。しかしそのような秩序にない社会はすべて「ジャーヒリーヤ（無知）」のなかにあると批判し、それに対する「ジハード」、特に革命的な闘争を要請している。この思想はその後、イスラーム主義者に大きな影響を与えた。

同時期に、シリアのムスリム同胞団のイデオローグであったサイード・ハウワー（一九三五〜一九八九年）も政府と対立してサウディアラビアに亡命、帰国後の一九七〇年代に投獄され、そこでタフスィールを執筆した。ハウワーの『タフスィールの基盤』ではサイイド・クトゥブが多く引用され、政治的用語を用いてのイスラーム主義的クルアーン解釈が提示されている。

パキスタンのイスラーム主義者マウドゥーディーは、イギリス統治下に南インドで生まれ、デリーで学んだ。ジャーナリストとしてイスラーム国家確立を訴え、一九四一年にジャマーアテ・イスラーミーを創設、ジハード理論を提唱し、イスラームは革命運動だと主張した。イギリスから独立してパキスタンが建国された後も四回投獄され、一九五三年には死刑を宣告されたが、終身刑に減刑された。病気治療のための渡米し、一九七九年にアメリカで死去している。

マウドゥーディーは一九四二年からウルドゥー語の月刊誌『クルアーンの解釈者』で、章ごとのタフスィールを公表した。後に『クルアーンの理解』として刊行され、英語以外にトルコ語、アラビア語などにも訳されている。学者ではなく一般のムスリムを対象とし、ムスリム共同体はシャリーアによって統治されるべきと主張した他、民族・階級問題などの現代的社会問題にも言及し、南アジアのみならず中東などのムスリムに影響を与えた。

これらのエジプトを中心とする近代的タフスィールは、東南アジアのムスリムにも影響を与えている。ハムカ（一九〇八～一九八一年）はスマトラ島西部のミナンカバウ地域に生まれ、イスラーム改革組織のムハマディヤに属して説教や文筆活動を行い、さらにはイスラーム主義政党から出馬し国会議員にもなっている。彼はスカルノ大統領（在一九四五～一九六七年）時代に投獄され、獄中でタフスィールの初稿を執筆した。この解釈はジャカルタのアズハル・モスクでの講話に基づき、学問的というよりも説教調で、後述するシャアラーウィーのタフスィールに近いとされる。若いインドネシアのムスリムに向けて書かれ、『マナールのタフスィール』やクトゥブを引用してイスラームの復興を説いており、東南アジア各地で版を重ねている。

また、エジプトでは近代的なタフスィールが現れた一方で、伝統的な伝承に基づく解釈も継続して生み出されている。さらにはテレビ時代を反映して、より庶民を対象としたものも支持されるようになっている。タンターウィー（一九二八～一九九八年）はエジプトに生まれ、アズハル大学でタフスィールとハディースの博士号を取得したウラマーである。中東諸国でイスラームを教え、一九九六年にアズハル総長に就任している。思想的には中道だが、エジプト政府に近すぎるとの批判も聞かれた。彼のタフスィール『偉大なるクルアーンの中庸なタフスィール』は、一九七四年から一九八六年にかけて刊行された。ハディースや、タバリーやラーズィーのタフスィールを引用し、句ごとに解釈をほどこして、見解が述べられないことも多く、伝統的な「伝承による解釈」を踏襲している。

またテレビ説教師として人気を博したシャアラーウィー（一九一一～一九九八年）は、エジプトに生まれ、アズハル大学からアラビア語の学位を取得した後、アラブ諸国で教鞭をとり、宗教省大臣も務めたウラマーである。国営テレビに出演し、庶民向けにクルアーンの解釈を語った番組は約四半世紀も続いた。そのタフスィールはまずテレビで伝えられ、大変な人気を博し、『シャアラーウィーのタフスィール』として刊行されたものである。句ごとに解釈されているが、他の学者などを引用してその名に言及することは少なく、細かい議論をあえて展開していない。よって一般の人々にもわかりやすく、エジプトの中下流の人々から人気があるものの、学問的な影響力は小さいと考えられている。

現代のクルアーン解釈——西洋文明の影響下で

これらの流れに対して、極めて学問的で、西洋の影響を深く受けた解釈理論が提示されるようになったのも、現代の大きな特徴である。ファズルル・ラフマーン（一九一九～一九八八年）、ムハンマド・アルクーン（一九二八～二〇一〇年）、そしてアブー・ザイドはクルアーンを解釈するにあたって、テクストと読者（解釈者）の関係を論じる西洋起源の学問分野である解釈学（hermeneutics）を用いることを試みた。そうすることで、時空を超越すると信じられるアッラーの言葉であるクルアーンが、人との関わりのなかで特定の時代と地域のなかに位置づけられることになる。彼らはクルアーンの聖性を否定しているわけでは決してなかったものの、神の言葉をより深く理解するために歴史性を導入しようと試みたため、ムスリム社会の保守的な層からは誤解されることになった。彼らは共にムスリム国の出身であるが、西洋諸国で学問活動をしていたため、このような新しい試みが可能となったのである。

ラフマーンは一九一九年にパキスタンに生まれ、オックスフォード大学で博士号を取得し、イギリス、カナダ、パキスタン、アメリカで学び、教鞭をとった。一九六〇年にはパキスタンの中央イスラーム研究所所長に就任し、イスラームを抑制し近代化を目指したアユーブ・ハーン大統領（在一九五八〜一九六九年）にアドバイスする立場となった。そこで伝統と近代化の中間の路線を歩むことを目指したが、保守層から批判され、生命の危機に直面したため、アメリカに移住した。その後、シカゴ大学でイスラーム思想の教授を務めた。

アメリカで活躍したラフマーンによれば、クルアーンは預言者の時代のアラビア半島の倫理的社会的状況への聖なる返答であり、その神学的・倫理的内容を全体として理解するためには、解釈学が有効だという。これまでの伝統的なクルアーン解釈は真剣に学ばれなければならないが、そこには間違いや時代錯誤があるとし、「二重運動理論」を提唱した。これは、クルアーンのテクストの歴史性を前提として、当時伝えられたクルアーンの意図を社会的・歴史的・言語的文脈から抽出し、それを現代の文脈に置き換えようとする解釈理論である。かつクルアーンの重要な主張は、平等と自由が人間に与えられ、正義に基づく社会を建設していくことであるとした。例えば、クルアーンは性的搾取を禁止しており、女性にも男性同等の権利が認められ、一夫多妻は禁止、男女は社会での等しいパートナーであり、愛情による婚姻生活を送る権利があるとした。この解釈方法論と思想は、後述するワドゥードなど、リベラルなムスリム知識人に大きな影響を与えた。

フランスで活躍した歴史家・思想家のムハンマド・アルクーンはアルジェリア出身で、ソルボンヌ大学で博士号を取得、同大学の教授を務めた。一九八二年刊行の『クルアーンを読む』などでクルアーン解釈方法論を論じている。彼はスユーティーの『クルアーン学の完成』といった古典期のムスリムによるクルアーン研究やタバリーなどのタフスィールを批判的に検討し、政治的偏向があることを示した。さらには近代以降のムスリムたちのクルアーン理解もこの枠組みから出ていないと批判し、人文的・科学的研究を用いて、クルアーンの句の歴史的背景を再構築し、そのディスコースが聞く者や読む者によってどのように受け止められたかを考えなければならない、と主張した。またクルアーンの内的相互関係を重視して、その全体構造を理解することも提唱した。そのためには人文学研究の言語学や歴史学、人類学、心理学などを用いる必要があり、言語、社会、歴史が三つの重要なアプローチの柱になると考えた。前述のハラファッラーを高く評価しており、アルクーン自身は保守的なムスリムからは否定的にとらえられているが、激しい非難を受けなかったのは、主にフランスで研究したためともいわれる。

アブー・ザイドについてはすでに少しふれたが、彼はカイロ大学での教授への昇任人事の際に、そのクルアーンに関する研究が議論の対象となり、社会問題にまで発展した。そのためオランダに移住することを余儀なくされ、エジプトの外で研究活動を継続した。彼はフーリーの影響を受け、クルアーンのテクストは文化と歴史の産物だととらえた。ムウタズィラ派の主張した「クルアーンは創造された」という説を支持し、それゆえにクルアーンを理性的に解釈することは可能だと考え、人間の多様性に基づく多様な解釈を認めようとした。彼は、クルアーンのテクストは送り手（アッラー）と受け手（信者・解釈者）との間のコミュニケーションであり、そのテクストの意味は特定の言語や文化をもつ受け手の行動様式に関連して更新されると考えたのである。このようなクルアーン理解は、保守層から見れば、クルアーンを人間の文化や言語に限定しようとする、不遜なものだととらえられた。アブー・ザイドもまたハラファッラーを高く評価しており、自分自身がその系譜に属すことを強く意識していたようである。

以上からわかるように、近代以降のクルアーン解釈史がそれまでのものと大きく異なる理由は、西洋とイスラームを折衷させるため、もしくは西洋的なものに対抗させるための模索が始まったためである。親西洋／反西洋というどちらの方向性も、植民地時代を経験したがゆえの反応で、いずれも西洋文明の影響の大きさを反映している。しかし、現在進行形のクルアーン解釈のなかには、西洋かどうかという境界線を超えた共通の問題を、クルアーンを解釈することで乗り越えようとするものが出てきている。この「共通の問題」とは、ジェンダーや人種に基づく偏見や差別という現代の重要課題である。ここでは二人の英語圏出身の進歩的なムスリム学者の解釈を見てみよう（詳しくは、拙著『イスラーム化する世界』を参照されたい）。

アフリカ系アメリカ人女性学者アミナ・ワドゥード（一九五二年〜）は、メソジストの貧しい家庭に生まれ、女性であることとアフリカ系であることから、自分は二重にアウトサイダーだと感じるようになったと述べている。大学在学中にムスリムに改宗し、一九八八年にミシガン大学でイスラーム学の博士号を取得、マレーシアでの研究教育を経て、アメリカのヴァージニア・コモンウェルス大学で教鞭をとった。博士論文をもとに一九九二年に刊行された『クルアーンと女性――女性の視点から聖なるテクストを読み直す』が大きな注目を集め、英語で書かれたこともあり、世界中で読まれることになった。一九九四年には南アフリカのケープタウンで金曜礼拝の説教を行い、二〇〇五年にはアメリカのニューヨークで男女混合礼拝のイマーム（礼拝導師）を務めた。これは国際的に問題となり、ムスリム男性のみがイマームとなれるとするファトワーが多く出された。

ワドゥードの解釈書の基調にあるのは、クルアーンは女性を解放するという思想である。人類の創造に関する四章一節を、男女が一つの魂（ナフス）から創造されたと解釈することで、創造における男性の優位性を否定し、男女は平等だとした。また、「男は女の管理者（擁護者）」（四章三四節）という句に関しても、女性には出産という役割があり、男性にはそれを「保護」する役割があるという解釈を提示し、人としての優劣という従来の解釈を回避した。これまでの伝統的なタフスィールに対しても明確な批判を展開し、句ごとに伝承のみで解釈しているため、クルアーン全体の意図が読み取られず、かつ、主にアラビア語に通じた男性ウラマーが解釈してきたために、ジェンダー的な偏見が反映されてきたと主張した。ワドゥード自身はラフマーンの「二重運動理論」を援用して解釈を行っており、テクストの「読み」には「前提テクスト」、つまり「個人見解」があることを認めている。よってリベラルなムスリムには熱狂的に支持される一方、保守的な人々からは強く批判されてきた。

同じく英語圏の南アフリカ出身のファリド・イサク（一九五九年〜）もまた、アパルトヘイト政策のなかで人種的な差別を受けてきた。貧しいムスリム家庭で生まれ育ち、パキスタンのマドラサ（イスラーム神学校）に留学している。英語で書かれた『クルアーン、解放そして多元主義——抑圧に抵抗するための宗教間連帯に関するイスラーム的視点』（一九九七年）ではアパルトヘイトの経験をもとに、「他者」とどう関わるかというテーマでクルアーンを読み解くことを試みた。現在はクルアーンの教えに基づき、HIV／AIDSの差別問題に関する活動に従事し、クルアーンについて概論した著作『クルアーン』は研究者の間でも高く評価され、本書もそれに拠るところが多い。

イサクの解釈書『クルアーン、解放そして多元主義』は、彼が学んだ伝統的なイスラーム学と西洋的学問を折衷させたものとなっている。タバリーやザマフシャリー、リダーなどによるタフスィールを参照しながら、個人見解を示している。例えば、疎外・迫害される者たちの連帯の模範として「出エジプト」をとらえ、ファラオに立ち向かうモーセの姿から、「迫害する他者」への闘争の神学を導き出そうとした。またすでに引用した、アッラーが男女や諸民族を互いに知り合わせるために創造したとする四九章一三節や、次の二章一四八節を、多元主義を意図するものとして解釈している。

各人はそれぞれの方位に向かう。それで善事を競いなさい。汝らがどこにいようとも、［最後の日に］アッラーは一斉に汝らを集められる。（二章一四八節）

イサクの解釈によれば、この句では「他者」が認められており、どのような背景をもつ者でも、例えばムスリムでなくても、善事をなせば神からの褒賞を受けることができるのである。これは「他者」、つまり非ムスリムとの共存に向かう解釈であり、現代的問題に応えようと取り組んだ結果だといえるだろう。

これらムスリム／非ムスリムの境界線を越えようとする解釈の模索がなされる一方で、イスラーム主義的な解釈も支持を集めている。アースィー（一九五一年〜）はアメリカのシリア系移民家庭に生まれ、イスラーム主義的な解釈書『昇り行くクルアーン』を英語で著した。彼は一九七〇年から一九七三年のレバノン留学中に、ムスリム同胞団や、パレスチナ起源のヒズブ・タフリール、インド起源のジャマーア・アッ＝タブリーグといったイスラーム主義組織に関わった後、アメリカに帰国した。一九八〇年代にはワシントンDCにあるモスクのイマームになっている。イランのイスラーム革命を強く支持し、ホメイニー（一九〇二～一九八九年）やクトゥブなど、中東の宗教学者の思想から影響を受けて、異教徒への非難を強調し、パレスチナの解放や親アメリカの立場に立つサウディアラビア政府を批判している。そのクルアーン解釈は『国際三日月』に掲載され、北米のみならず南アフリカやナイジェリア、パキスタン、マレーシアなど世界中のムスリムによって読まれた。そして二〇〇八年から、まとめられたものが『昇り行くクルアーン』として、カナダや南アフリカで刊行されている。

このようにクルアーンの解釈は今もなお、新たに生まれつつある。「個人見解によるタフスィール」が解禁状態となった近代において、解釈はその時代の要請によって成立する。近現代のタフスィールの特徴は方法論、解釈者、テーマといった要素が近代化・西洋化したことである。方法論としては人文学が導入され、解釈者には非アラビア語圏の世俗的知識人が参入、テーマは人権や平等といった近代思想の影響を受けるようになった。同時に読者も一般化し、非アラビア語圏外にも広がっていった。これはタフスィール史のなかで画期的な出来事であり、ムスリム共同体が重大な変革期にあることの反映でもある。

クルアーン解釈史全体をとらえなおせば、テクスト主義と文脈主義のせめぎ合いということもできるかもしれない。前者が「伝承によるタフスィール」、後者が「個人見解によるタフスィール」に相当する。ムスリム諸国においては前者の伝統は根強く、社会・歴史的分析よりも言語的分析に重点が置かれがちである。言語を歴史性から切り離して受け入れ、分析するだけならば、アッラーの超越した言葉としての聖性を損なうことがないと考えられ、保守層からも受け入れられやすい。他方、文脈主義的アプローチは進歩的でリベラルな学者によってなされ、クルアーンの言葉の意味は開かれており、歴史・文化・言語をめぐる状況のなかで、時代によって展開すると考えられている。したがって多様な解釈が認められることになるが、人間の営み、つまり歴史を重視するため、保守層からアッラーに人間の意図を押し付けているという批判を受けることになる。

ここまで見てきたように、現在のムスリム社会は、どのように聖典を解釈するかという緊張を背負いながら存続している。ムスリムがクルアーンとともに生きる限り、解釈は必須の課題である。この複雑化する世界においては、より開かれた多様な解釈を許す方向に進めることで、多くの人々がクルアーンを読むことになり、クルアーンの書物としての価値がさらに高められると考えられるが、どの方向に進むのかは、ムスリム共同体の今後の選択に委ねられている。

そして今後のクルアーン解釈の特徴は、いわば「西洋世界との共有」になると考えられる。近代以降、クルアーンはムスリムだけのものではなくなり、日本も含む西洋世界の非ムスリムが研究・分析し、批判するようになっている。またムスリムもそれを受けて、信仰に基づく新しいクルアーン理解のあり方を模索するようになった。第Ⅰ章では、西洋のクルアーン研究が全面的にムスリムの理論を否定する方向性から、クルアーンの内的な意味を問う方向に進んできていることを指摘した。これはムスリム的視座への接近ともいえるだろう。これに対して、本章で述べたように、ムスリム学者のなかからも、西洋的な学問に基づくクルアーン理解や解釈の必要性を説く者が現れるようになった。これは非ムスリム的視座への接近ということであろう。つまりムスリム／非ムスリムという二元論を超えてクルアーンを理解する動きが、徐々に進んできているのが現状なのである。ただし、それには紆余曲折があり、今後も一筋縄ではいかないであろう。しかしこのような共有化は、西洋や中東地域といった限定を超え、クルアーンが人類全体にとっての重要な書物となり得る動きだと考えられるのである。

3　見るクルアーン、聞くクルアーン

当然ながら、クルアーンは第一に信徒であるムスリムのために存在する。しかし近年、非ムスリムもそれを見たり聞いたりする機会が増えてきている。それは報道や映画を通しての場合もあれば、中東料理レストランや旅先でのムスリム地域で、ということもあるだろう。報道では「危険な書」として認識されることが少なくないかもしれないが、実際に接してみれば読誦や装丁の美しさを感じることもあるだろう。その意味で、クルアーンはもはやムスリムだけのものではなく、信徒以外もそれを知り、接し、何かを感じる存在ということになる。クルアーンを見て聞く主体はもはやムスリムだけではなく、共有化が進み、「私たち」になろうとしている。

ムスリムにとってのクルアーンの魅力はやはり、神の言葉と接するという実体験であることに由来する。すでに述べたが、「クルアーン」は「読誦されるもの」を意味するとされることが多いように、書かれたものとしてではなく、第一に声として存在する。それは訓練を経た堪能な読誦者の声を聴く場合もあれば、信徒自らが口に出してムハンマドの体験を再現する場合もある。こうした体験とはす

なわち、日常を超越した世界との関わりである。ムスリムにとってのクルアーンは、何よりも声の文化に属し、クルアーンの書物そのものは「ムスハフ」と呼ばれて、読誦のための教本のような役割をもっている。刊行されているクルアーン本、つまり「ムスハフ」を見ると、読誦するための記号が数多く記載されている。

図4　カイロのアズハル・モスクにて（筆者撮影）

ムスリムの多い国に行けば、次のような風景はごく自然なものであろう。モスクを訪れると、クルアーンの文字が刻まれた壁にもたれて居眠りをしている者が目に入ってくる。その隣では幼子を連れた母親が小声でクルアーンを読みあげていたりする（図4）。書店に行くと、クルアーンには豆本もあれば、携帯サイズのものや金表紙の函入り豪華本もある。客待ちをするタクシー運転手も電車のなかの女学生もクルアーンを小声で誦み、ラマダーン月になるとそのような人が増える。友人宅に招かれれば、部屋の中の高い場所にあるクルアーンが目に入り、悩みがあると丘にのぼってクルアーンを一人で誦むのだという話を聞かされることもある。このようにクルアーンを声に出して誦むことは、ムスリムにとってその人生の一部になっている。

対して非ムスリムにとっての魅力はといえば、好みが分かれることもあるだろうが、もの悲し気に聞こえる読誦が聞く者の胸を打ったり、エキゾチシズムを駆り立てたりもすることもあるだろう。

日々のなかのクルアーン

ほとんどのムスリムはアラビア語のクルアーンを暗記して読誦することに価値を置くが、実際にそのすべてを暗記することは容易ではなく、部分的に覚えているというのが通例である。図5はムスリムの子ども用のタブレット風おもちゃで、「小さなムスリム iPhone」と命名され、三歳以上向けと表示されている。これは、クルアーンの短い章や、ドゥアーと呼ばれる祈禱句を学ぶという知育玩具の類である。アイコン（のようなもの）がいくつかあり、それらを押すと、クルアーン第一、一一二、一一三、一一四章や、祈禱句が流れるようになっている。ムスリムの親もまた、子どもに楽しみながら学んで欲しいと願っていることがうかがえる（ちなみに中国製である）。

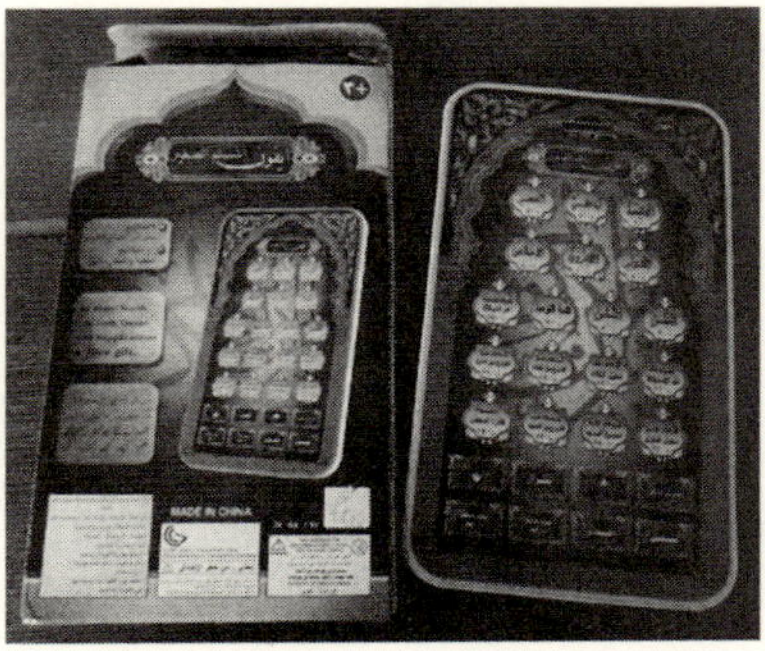

図5 「小さなムスリム iPhone」（筆者所蔵）

一般的に、読誦の学習は幼いころに始められ、親から学ぶ場合もあるが、かつてはクッターブと呼ばれる町のクルアーン学校に通い、そこで訓練されていた。今でも町中のクルアーン読誦塾やモスクなどで教授されている。例えば一九八〇年代のモロッコでの統計であるが、八〇%の子どもたちが就学期にクルアーン学校に通った経験があるという。エジプトの歴史学者アフマド・アミーン（一八八六〜一九五四年）は一九五〇年ごろに書いた自伝のなかで、五歳になるとクルアーン学校に通い始めたが、無味乾燥な記憶中心の教授法に嫌気がさし、学校を四つも変えつつも、五年間ですべて暗記したと回想している。またターハー・フセインは九才になる前にすべて暗記し、その時にクッタープの先生に豪華な晩餐と新しい衣服一式、そして金貨を御礼として支払ったことを回顧している。

伝統的なクルアーンの学び方は、師の後に続いて繰り返すという記憶型のもので、内容の理解よりもまずは覚えることが重視された。かつては覚えが悪いと鞭で打たれることもあったようである。このような私的教育は、日本でも江戸時代に広まっていた寺子屋での庶民教育に通じるものがあるかもしれない。寺子屋では子どもたちが「読み書き算盤」を学んでおり、当時の日本の庶民の識字率が他国に比べて高かった理由ともされる。実学的な書物に加えて『論語』などの古典が用いられ、まず重要なのは師匠をまねて声をあげて「素読」することであり、意味内容を理解することはその次と考えられていた。また、竹竿をもって寺子たちを威嚇していた師匠もいたようで、これもクッタープとの共通点といえるのかもしれない。

図６　カイロの下町にある、スレイマーン・アーガー・スィラフダールのモスク・サビール・クッタープ複合施設（筆者撮影）

図6はカイロにあるモスク兼サビール（公共の給水施設）兼クッタープの複合施設「スレイマーン・アーガー・スィラフダールのモスク・サビール・クッタープ」で、一九世紀前半に建てられたものである。この建物はカイロの下町のメインストリートであるムイッズ通りに面し、古いカイロの面

影を今に残している。この地域はノーベル文学賞作家であるエジプト人のナギーブ・マフフーズ（一九一一～二〇〇六年）が著した『バイナル・カスライン』の舞台でもある。

クルアーンを学ぶ様子はしばしば映画のシーンになってもいる。例えばハリウッド映画の『シリアナ』（二〇〇五年、アメリカ）では、出稼ぎ労働者としてアラブ産油国で差別を受けるパキスタン出身の青年が、クルアーンを学ぶ子供たちのわきで活動家に勧誘されて、過激思想に染まっていく。『アフガン零年』（二〇〇三年、アフガニスタン・日本他合作）では、アフガニスタンのターリバーン政権下で少年として生活する少女が、ターリバーンの学校に連行され、クルアーンを学ぶシーンがある。

今もなおクルアーン全体を記憶した者は、ハーフィズ（暗誦者）と呼ばれ尊敬を集める。クルアーンの教師になったり、なかにはクルアーン読誦者（カーリウ）としてテレビやラジオなどのメディアで活躍する者もいる。イラン映画『ハーフェズ　ペルシャの詩』（二〇〇七年、イラン・日本合作）では、ハーフィズ（ペルシャ語で「ハーフェズ」）となった青年の悲恋が描かれている。読誦を聞くにはかつてはカセットテープやＣＤを入手しなければならなかったが、今はインターネット上の動画やアプリなどでも簡単に見聞きできるようになっている。特にアプリは様々なものが登場しており、数十名の読誦者の声を聞くことができるものや、マイク機能を使って発音の練習ができるものなどがある。これも、少しでも発話されるクルアーンを自分のものとしたいという信仰心の表れであろう。

エジプト出身のアブドゥル・バースィト・アブドッサマド（一九二七～一九八八年）は、クルアーン読誦の世界大会で何度も優勝し、商業的に成功した最初期の読誦者である。女性読誦者も活躍しており、特にインドネシアのマリア・ウルファ（一九五五年～）の美声はムスリム世界で高く評価されている。最近ではクウェートで生まれた説教師のミシャリー・アファーシ[8]（一九七六年〜）が、美しい声と独自の読誦法で人気を博しており、彼を模倣する読誦者も少なくない。クルアーンの読誦大会はムスリム居住地域の各地で開かれており、日ごろの研鑽の結果を示す場となっている。映画『少女は自転車にのって』（二〇一二年、サウディアラビア・ドイツ合作）では、自転車を買うお金を得るためにクルアーンの読誦大会に出るサウディアラビアの少女の成長が描かれている。

こうした読誦の技術はタジュウィードと呼ばれ、発声や音の長さ、音の続け方、息の継ぎ方など細かい規定がある。また読誦のスピードも、速い（ハドル）、ゆっくり（タルティール）、そしてその中間（タドウィール）などがある。これらを習得することで正しいクルアーン読誦術を学んでいく。クルアーンは神の言葉そのものと信じられているため、このような細かい規定に基づくことで、人間でも再現することができると考えるのである。この規定は日常のアラビア語とは異なるものであり、誰もがうまく誦むことができるわけではなく、厳しい訓練を経なければならない。

またムスリムの公的な儀礼の場でも、クルアーンの読誦は重要な役割をもつ。礼拝は一日五回行うことが基本とされ、ラクアと呼ばれる立ち・座り・平伏する動作を一単位として、それを組み合わせて行われる。各ラクアで第一「ファーティハ」章などのクルアーンの句が唱えられ、暁（ファジュル）の礼拝で二ラクア、昼過ぎ（ズフル）礼拝で四ラクア、午後遅く（アスル）の礼拝で四ラクア、日没（マグリブ）の礼拝で三ラクア、夜（イシャー）の礼拝で四ラクア行うことになっているため、一日五回礼拝すれば、合わせて一七回、ファーティハ章を唱えることになる。

金曜日や巡礼最終日の犠牲祭、断食明けの祭などで行われる集団礼拝でも、宗教指導者が説教（フトバ）を行い、そこでクルアーンが読誦される。断食月であるラマダーン月になると、クルアーンを三〇に分割してその一部（ジュズウ）ずつを毎日読誦しようとする者も多い。やはりこの月には信仰心が高揚するようである。

婚約式や結婚式では、ファーティハ章や次の三〇章二一節が読誦されることも多い。

彼［＝アッラー］が、汝ら自身から汝らのために配偶者を創られたのは、その一つの御徴である。汝らを彼女らになじませ、汝らの間に愛と情をもたらされた。（三〇章二一節）

また葬儀の際にもクルアーンが読誦される。「まこと私はアッラーのもの。その御許に帰ります」（二章一五六節）という言葉が口にされることも多い。「クルアーンの心臓」とも呼ばれる第三六章「ヤー・スィーン」が誦まれることもある。この章はシャアバーン月の中日の夜にも読誦されることがあるが、それはこの夜に、天上の生命の樹から翌年亡くなる人の葉が落ちるという信仰があるためである。墓石には二章二五五節（「玉座の節」、八七頁で引用済）や、次の五五章二六―二七節が刻まれることがある。

地にある物は消滅する。だが気高く栄えある汝の主の御顔は永続する。（五五章二六―二七節）

このような行事の際の読誦に加えて、クルアーンがムスリムの生活のなかに浸透していると感じるのは、日常会話のなかでの言及、さらには呪術的な使用であろう。ムスリムの挨拶は「アッ＝サラーム・アライクム（あなた方に平安を）」であるが、これは六章五四節や一三章二四節などによる。かつ四章八六節では、挨拶には丁重にそれを返すよう述べられている。先の予定のことを語る際に「イン・シャー・アッラー（アッラーがお望みならば）」と付け加える習慣も広く見られる。これは、イブラーヒームの息子がアッラーの命によって父に屠られそうになった時に口にしたもので（三七章一〇二節）、他にユースフ（一二章九九節）やムーサー（一八章六九節）も述べている。また称賛すべきものを見聞きした時に、感嘆の気持ちを示すために「マー・シャー・アッラー（アッラーが望まれたこと）」と口にするが、これも六章一二八節や七章一八八節にある。感謝を示す「アル＝ハムド・リッラー（アッラーに讃えあれ）」は一章二節にあり、食事が終わった際にもいわれる。また日常の挨拶の「お元気ですか？」という問いに対しても「アル＝ハムド・リッラー」と返す。すでに述べたように、バスマラ「慈悲あまねく慈愛深きアッラーの御名において」は、クルアーン各章（第九章以外）の冒頭に置かれ、今も手紙の冒頭や会を開く時に用いられる。

図７　カンボジアのムスリム呪術師（筆者撮影）

クルアーンの文言は呪術的にも用いられ、病気の治癒や願い事の成就を願う庶民の暮らしのなかで、広く浸透している。ただしこれは厳格なイスラームの適応を求めるムスリムからは元来の教えからの「ビドア（逸脱）」として、また西洋的医学の観点からは、科学的根拠のないまやかしであるとして、批判されている。だが、病院に行くほどの経済的余裕がなかったり、僻地に住んでいたりする場合は、村の呪術師に依頼してクルアーンを用いて病気を治してもらおうとすることは少なくなく、それを「預言者ムハンマドの医学」としてイスラームの正当な教えとしてとらえようとする伝統も存在する。例えばパキスタンでは、クルアーンの第二九章や第三一章が書かれた紙を水に浸して、溶けたインクの混ざった水を飲めば、マラリアが治ると考える者もいるという。図7にあるように、筆者もカンボジアで、クルアーンを刻んだ金属を浸した水が、恋愛成就に効くといわれて呪術師からもらったことがあるが、筆者自身は飲まず、知人の母親が大切そうに持ち帰ったことを覚えている。

クルアーンの最後の二章「ムアウウィザターニ」は、呪術的な効力をもつと考えられることが多い。この第一一三・一一四章は七四—七五頁ですでに引用した。ジンや悪魔、人からの妬み、邪視といった悪しきものからアッラーに守ってもらえるよう唱えられたり、護符として書かれたりする。また病を治療する時や、就寝する前、赤ちゃんを泣きやませたい時にも唱えられ、癒しや保護を求める効力があるとされる。これに対してバスマラは、アッラーからの恩恵を求める句とされる。例えば家に入る前、本を開く時、食事を始める時、試験の開始前、さらにはイスラーム諸国系の航空会社で離陸前に流れることもあり、何かを始める時にうまくいくことを願う際に用いられる。

芸術作品のなかで

非ムスリムがクルアーンを味わう最適な場所は、文芸や美術といった芸術分野かもしれない。美という価値基準に基づく判断であり、思想信条で判断される度合いの少ない分野だと考えられるためである。この分野においてクルアーンは自然に共有されやすいであろう。

例えば『アラビアンナイト』にはクルアーンがしばしば登場し、人物や状況の描写に寄与している。「アラーッ・ディーン・アブーッ・シャーマートの物語（ほくろのアラディン物語）」は、邪視を恐れた親の意向で地下で育てられたアラーッ・ディーンという青年の物語で、彼がクルアーンの第三六「ヤー・スィーン」章を妙なる声で読誦して、女性をうっとりさせるシーンが描かれている。また彼の父親はカイロの商人組合会頭で、朝に仕事に出向くと、商人や市場取締人がやって来てクルアーンのファーティハ章を読誦した後で朝の挨拶の言葉を述べ、それから各々の店に向かったという。

また時代は下ってマフフーズの『バイナル・カスライン』では、二〇世紀前半のイギリスの保護国化にあるエジプトで、クルアーンが日常生活のなかで深く息づいている様子が生々しく描かれている。この物語の冒頭では、主人公の妻アミーナが、ジンや悪魔がうごめく夜の闇の不気味さから自分自身を落ち着けるために、ファーティハ章や第一一二「純正」章を読誦することを常としてきたことが描かれている。アミーナは家の外に出ることができなかった時代の女性で、家と窓から見える範囲がその生活のすべてであった。窓はマシュラビーヤという木製格子の張り出し窓で、彼女はその内側から外のサビールを見ていた。

マフフーズ同様にノーベル文学賞を受賞した、トルコ人オルハン・パムク（一九五二年～）によるミステリ色の強い小説『わたしの名は赤』では、一六世紀末のオスマン・トルコ帝国の首都イスタンブルが舞台となっている。時のスルタンに命じて描かれた細密画をめぐって殺人事件が起こり、その背景には西洋と東洋の緊張がある。本の巻頭にクルアーンの句が三つ引用されており、これらはこの物語のモチーフで、その意味は読み終えれば明らかになるであろう（以下は宮下遼訳より引用）。

「また、あなたがたが一人の人間を殺し、それがもとで互いに争ったときのことを思い起こせ」（二章七二節）

「盲人と正常の目の人とは、同じではない」（三五章一九節）

「東も西も、神のものであり、あなたがたはどこを向こうとも、神の御前にある」（二章一一五節）

モスクはイスラームの美術の粋を集めた芸術作品であり、非ムスリムが目にする機会も少なくはないであろう。ドームやミナレット（尖塔）からなる優美な外観をもつだけでなく、内部はイスラームの教えに基づいた端正な美しさに満ちている。内部は極めてシンプルで、メッカへの方向（キブラ）を示すミフラーブや説教壇（ミンバル）があるが、像などは見られない。人々は広い床の上でクルアーンを読むなどしてたたずみ、またそれぞれ礼拝を行っている。大きなドーム型のモスクの場合には、広い床の上にドームが広がり、まるで宇宙の様である。ドームの内側や壁にも像や絵は見当たらず、そこにあるのはアラビア語の文字と植物などの文様のみである。

イスラームは、「汝の顔を純正な教えに向けなさい。偶像崇拝者の仲間であってはならない」（一〇章一〇五節）というクルアーンの句にあるように、偶像崇拝を禁止している。したがって、肖像画や彫刻などといった具象的な生物の模写に基づく芸術は発達しなかった。そこでアラベスクなどの植物文様や幾何学文様に加え、クルアーンを描く文字が装飾として重要な役割を果たし、ムスリムはカリ

図８　オーストラリアのモスク内にあるクルアーンのカリグラフィー。「成功する信者は礼拝の際に謙虚」だという内容の句（23章1-3節）（筆者撮影）

図９　嘆きの壁の上にある岩のドーム（左）とアクサー・モスク（右端）。非信徒が入る際は、右手前のゲートでチェックされる（筆者撮影）

グラフィーで神の言葉の美を表現しようとする長い書道（ハット）の歴史をもつに至った。

　神の言葉を羊皮紙や紙に書き留めたクルアーン写本は、書体と文様のみによって構成される。歴史書や物語の写本には挿絵が挟まれて人物や動物も描かれるが、クルアーン写本には一切具象的なものは含まれない。クルアーンを文字とする際に用いられることが多いのは、角ばったタイプの力強さを感じさせるクーフィー体や、丸みがあって流麗なナスヒー体である。

　クルアーンのカリグラフィーは写本だけではなく、例えば図8のように日常生活のなかで訪れる建物でも多く見ることができる。モスクの扉などに書かれることが多い句は、「実にモスクはアッラーのもの。ゆえにアッラーに並べて何かに祈ってはならない」（七二章一八節）や「アッラーのモスクは、アッラーと最後の日を信じ、礼拝を守り、喜捨を行い、アッラーのみを畏れる者が世話する」（九章一八節）である。学校には「我が主よ、私に知識を増やしたまえ」（二〇章一一四節）、病院に行けば「我々は信仰者たちにとって癒しであり慈悲であるクルアーンを下した」（一七章八二節）とある。その他、自宅やオフィス、店舗やレストランなどでも、額に入れられたクルアーンのカリグラフィーが壁に飾られていることが多い。特に好まれるのは、「玉座の節」（二章二五五節）や、アッラーを光に喩える「光の節」（二四章三五節）、アッラーの唯一性を説く第一一二章などであろう。

クルアーンの文字が書かれた極めて古い例として挙げられるのが、エルサレムの「岩のドーム」の壁である（図9）。「岩のドーム」はユダヤ教徒の「嘆きの壁」と並んで、エルサレムの宗教的なシンボルとして知られるが、現在非ムスリムは内部に入ることはできない。ドームは八角形でその中心に岩があり、回廊がこれを守るように建てられている。この岩は、イブラーヒームが息子を屠ろうとした場所ともされるが、ムハンマドがメッカからエルサレムまでイスラー（夜の旅）をした後、この岩からミウラージュ（天界上昇）し、アッラーと話したとされる（一七章一節で示唆されているが、具体的地名などはない。九六頁で引用済）。

このドームが建てられたのは、ウマイヤ朝カリフのアブドゥルマリク（在六八五～七〇五年）によってである。なぜ彼がドームを建設したのかについてはいくつか説があるが、政敵のイブン・ズバイル（六二四～六九二年）がメッカとメディナを制圧していたのに対抗したともいわれる。もしくは、イエスの磔刑がなされたとされる場所に、四世紀に建てられていた聖墳墓教会に対抗して、イスラームの威信をキリスト教徒に示そうとしたからともされる。

「岩のドーム」の内部の回廊のアーケード上部には、クーフィー体のクルアーンの文字があり、ドーム完成の六九二年時のものとされる。この句の内容から、キリスト教徒の妻もいたアブドゥルマリクが「啓典の民」に対して融和的なメッセージをもっていたとする見解もある。岩のドームの外面は青を基調とした美しいタイルで覆われているが、これは後にオスマン朝スルタン、スレイマン一世（在一五二〇～一五六六年）によって飾られたものである。建築時の古い文字はドーム内部の八面からなる回廊の内外、つまり計一六面の壁の高い場所にあり、その中にクルアーンの句も含まれている。回廊の外側には第一一二章、三三章五六節、一七章一一一節などが書かれており、これらはアッラーを讃える言葉である。なかでも一七章一一一節ではアッラーには子もおらず、その大権を共有する者もいないという言葉が含まれている。つまり、アッラーの唯一性を主張すると同時に、イエスを神の子とする信仰の否定を含意しているのである。

岩に近い内側の回廊には、より具体的で重要な内容が書かれていると考えられている。そこには外側と同様にアッラーを讃える句も書かれているが、「啓典の民」に関わる句が長く引用されているのが特徴である。四章一七一―一七二節や一九章三三―三六節は、イエスはアッラーの使徒であり子ではなく、アッラーは唯一だとしている。三章一八―一九節では、アッラーの唯一性とイスラームこそがその宗教であり、啓典の民は叡智を授けられたにもかかわらず、嫉妬心ゆえに互いに争っていると述べられている。このように、回廊の外から内部に入ってみると、アッラーの唯一性を讃える言葉の後に、啓典の民の信仰を否定し、イスラームを真の宗教とする内容が続いていくことになる。

アブドゥルマリクは、クルアーンに関心が高く精通していたとされる。当時はまだアラビア文字の書き方が定まっていなかったが、ハッジャージュ・ブン・ユースフ（六六一？～七一四年）に命じて正字法を確立させたのも、アブドゥルマリクとされる。したがって、それほどの見識をもつ為政者が建てた岩のドームにあるクルアーンの句の選択には、何らかのメッセージがあると考えられる。アラブ・ムスリムたちが征服した当時のエルサレムはキリスト教徒の町であり、ムスリムはキリスト教を尊重し、聖墳墓教会は破壊されることはなかった。アブドゥルマリクの妻がキリスト教徒であったように、ウマイヤ朝のカリフの母や妻にはキリスト教徒もいた。さらにユダヤ教徒は、ムスリムが支配するようになってようやくこの地に戻ることが許された。このような歴史的背景をふまえると、岩のドームに書かれたクルアーンの句の意味は、キリスト教徒やユダヤ教徒といった「啓典の民」を否定することが目的ではなく、相違点をなくして唯一神信仰の元で融和しようとするメッセージが込められていたのではないか、と考える研究もなされている。

本書刊行の二〇一八年には、米国大使館がテルアビブから移転され、エルサレムが国際的に大きく注目された。周辺地域に居住するムスリム、ユダヤ教徒、そしてキリスト教徒の生活も、安寧からは程遠い状況にある。「嘆きの壁」の真上に立つ「岩のドーム」はその紛争のシンボルとして扱われることが多く、現在のエルサレム問題の原点ともいえる。しかし、そこに書かれたクルアーンのメッセージに宗教間の融和性が込められているならば、今後に向けての小さな光になるかもしれない。

注

I

1　牧野信也訳『ハディース I——イスラーム伝承集成』（中央公論新社、二〇〇一年）、二〇頁。

2　井筒俊彦『コーランを読む』（岩波書店、二〇一三年）、二二—二三頁。

3　杉田英明『日本人の中東発見——逆遠近法のなかの比較文化史』（東京大学出版会、一九九五年）、一四九頁。

4　井筒『コーランを読む』、二三頁。

5　大本教ウェブサイト「おほもと　宗教法人大本」http://www.oomoto.or.jp/japanese/sacred_places/index.html.

6　タヌーヒー（森本公誠訳）『イスラム帝国夜話（上）』（岩波書店、二〇一六年）、四二八頁。

7　http://unesdoc.unesco.org/images/0011/001168/116850e.pdf.

8　Sean Coughlan, "'Oldest' Koran fragments found in Birmingham University", BBC（22 July, 2015）, http://www.bbc.com/news/business-33436021.

9　"One of the world's oldest Quran manuscripts found in UK," AlJazeera（22 July, 2015）http://www.aljazeera.com/news/2015/07/world-oldest-quran-manuscripts-uk-150722110034399.html.

10　Marmaduke Pickthall, trans., *The Meaning of the Glorious Quran*（London: George Allen & Unwin, 1930; repr. 1957）, p. 7.

11　Farid Esack, *The Qur'an: A Beginner's Guide*（Oxford: Oneworld, 2009）, p. 33.

12　本書刊行の翌年（二〇一九年）にも深い学識をもつムスリムの水谷周と杉本恭一郎によって、訳書が刊行される予定である。ここでは現代日本語に語調を合わせ、信仰の書としてクルアーンを説明し、若い世代にも受け入れられやすいことが目指されているという。

II

1　カーライル（老田三郎訳）『英雄崇拝論』（岩波書店、一九八八年）、九四頁。

2 同、九五頁。

3 Clinton Bennett, *Interpreting the Qur'an: A Guide for the Uninitiated* (London: Continuum, 2005), p.134.

4 井筒俊彦訳『コーラン（上）』（岩波書店、一九五七年）、三〇五頁。

5 預言者の年代順に関しては多少意見が分かれるが、ここではアブドゥッラー・サイードの『クルアーン　その入門』(Saeed, *The Qur'an: A Introduction*) に従った。

Ⅲ

1 この「自分自身」のアラビア語原語は、「ナフス nafs」の複数形の「アンフス anfus」で、「お互いに」と解釈することも可能である。

2 アラビア語の単語は基本的に三つの子音を根幹とし、それに母音やさらに子音が加えられる。子音は語根と呼ばれ、共通する語根をもつ単語は、共通する意味をもつ。例えば「本」は「キターブ kitab」、「彼が書いた」は「カタバ kataba」、「事務所」は「マクタブ maktab」、「書記・作家」は「カーティブ katib」である。本書一八〇頁の「クッターブ kuttab」は寺子屋のような初級のクルアーン学校で、読み書きも学ぶ場である。

3 語根がj-h-dの句となっている用語を指す。

4 サービア教徒も「啓典の民」に含められるが、イラクに住む星辰崇拝者が自称したとも、マンデ人がそのように呼ばれたともいわれ、詳細は不明である。

5 クルアーン学（ウルーム・アル＝クルアーン）とは、ムスリムによる伝統的なクルアーン研究で、その内容は啓示や編纂の経緯、内容区分などである。スユーティーの著作以外に、ザルカシー（一三四四〜一三九二年）の『クルアーン学の明証』も今なお参照される。

6 「イマーム」は「指導者」を意味するが、スンナ派とシーア派では役割が異なる。スンナ派ではモスクの導師を指すが、シーア派ではアリーの血統に属すカリスマ的共同体の指導者を意味する。

7 「ガイバ（お隠れ）」とはシーア派に特徴的な信条で、イマームは公の場から姿を消しているが、死んでいないとされる。

8 公式ページ（http://mishariialafasy.net/）で聞くことができる。

参考文献

クルアーン日本語「翻訳」書

安倍治夫、アリ訳『日・亜・英対訳　聖クルアーン』谷沢書房、一九八二年

井筒俊彦訳『コーラン』（上中下）岩波書店、一九五七～一九五八年／改定版一九六四年

大川周明訳『古蘭』岩崎書店、一九五〇年／『文語訳　古蘭』（上下）書肆心水、二〇一〇年

大久保幸次／鏡島寛之訳『コーラン研究』刀江書院、一九五〇年

小林淳、モハマッド・オウェース訳『聖クルアーン』アハマディア・ムスリム協会、一九八八年

坂本健一訳『コーラン経』世界聖典全集刊行会、一九二〇年

澤田達一訳『聖クルアーン　日本語訳』啓示翻訳文化研究所、二〇一三年

高橋五郎／有賀文八郎（阿馬士）訳『聖香蘭教　イスラム教典』聖香蘭教刊行会、一九三八年

中田考監修／中田香織／下村佳州紀訳『日亜対訳　クルアーン』作品社、二〇一四年

藤本勝次／伴康哉／池田修訳『コーラン』中央公論社、一九七九年／（二巻本）中央公論新社、二〇〇二年

三田了一訳『日亜対訳・注解　聖クルアーン』日本ムスリム協会、一九七二年／改定版一九八二年

クルアーン英語「翻訳」書

Abdel Haleem, M.A.S., trans., *The Qur'an: A New Translation*, Oxford & New York: Oxford University Press, 2004.

'Ali, 'Abdullah Yūsuf, trans. *The Meaning of the Holy Qur'ān*, new ed. with rev. translation, commentary, and newly compiled comprehensive index, Beltsville, Maryland: amana publications, 1989.

Bakhtiar, Laleh, trans., *The Sublime Quran*, Chicago: Kazi Publications, 2009.

Bell, Richard, trans. with a critical re-arrangement of the Surahs, *The Qur'ān*, 2vols., Edinburgh: T. & T. Clark, 1937–1939; rep. 1960.

Pickthall, Marmaduke, trans., *The Meaning of the Glorious Quran*, London: George Allen & Unwin, 1930; repr. 1957.

Rodwell, J.M. trans. with a forward and an introduction by Alan Jones, *The Koran*, London: J.M. Dent, 1994.

事典

McAuliffe, Jane Dammen, general ed., *Encyclopaedia of the Qur'ān*, v. 1–5, Index, Leiden: Brill, 2001–2006.
Leaman, Oliver ed., *The Qur'an: An Encyclopedia*, London; New York: Routledge, 2006.

日本語文献

青柳かおる『イスラームの世界観――ガザーリーとラーズィー』明石書店、二〇〇五年
アスラン、レザー（白須英子訳）『変わるイスラーム――源流・進展・未来』藤原書店、二〇〇九年
アブ・エル・ファドル、カリード（米谷敬一訳）『イスラームへの誤解を超えて――世界の平和と融和のために』日本教文社、二〇〇八年
アブドッラハマーン、アーイシャ（徳増輝子訳）『預言者の妻たち』日本サウディアラビア協会、一九七七年
アブドッラハマーン、アーイシャ（徳増輝子訳）『預言者の娘たち』日本サウディアラビア協会、一九八八年
阿刀田高『コーランを知っていますか』新潮社、二〇〇三年
アミーン、アフマド（水谷周訳）『アフマド・アミーン自伝――エジプト・大知識人の生涯』第三書館、一九九〇年
飯塚正人『現代イスラーム思想の源流』山川出版社、二〇〇八年
市川裕／鎌田繁編『聖典と人間』大明堂、一九九八年
井筒俊彦『マホメット』講談社、一九八九年
井筒俊彦『コーランを読む』岩波書店、一九八三年／中央公論社、一九九一年／岩波書店、二〇一三年
井筒俊彦（牧野信也訳）『意味の構造――コーランにおける宗教道徳概念の分析』新泉社、一九七二年／中央公論社、一九九二年
井筒俊彦『意味の構造　一九九二年』慶應義塾大学出版会、二〇一五年
井筒俊彦（鎌田繁監訳／仁子寿晴訳）『クルアーンにおける神と人間――クルアーンの世界観の意味論』慶應義塾大学出版

会、二〇一七年
伊東俊太郎『十二世紀ルネサンス』講談社、二〇〇六年
イブン・イスハーク、イブン・ヒシャーム編註（後藤明／医王秀行／高田康一／高野太輔訳）『預言者ムハンマド伝』（全四巻）岩波書店、二〇一〇〜二〇一二年
イブン・バットゥータ（前嶋信次訳）『三大陸周遊記　抄』中央公論新社、二〇〇四年
臼杵陽『大川周明――イスラームと天皇のはざまで』青土社、二〇一〇年
エスポズィート、ジョン・L（塩尻和子／杉山香織訳）『グローバル・テロリズムとイスラーム――穢れた聖戦』明石書店、二〇〇四年
大石学『江戸の教育力――近代日本の知的基盤』東京学芸大学出版会、二〇〇七年
大川周明『回教概論』筑摩書房、二〇〇八年
大川玲子「イスティアーザの祈祷句に見られるクルアーンの受容に関して」『オリエント』第四〇巻第一号、一九九七年、九〇―一〇五頁
大川玲子「イスラームの啓示観――ファフルッディーン・ラーズィーの啓示（ワフイ）観―」、市川裕／鎌田繁編『聖典と人間』（大明堂、一九九八年）、一八七―二〇五頁
大川玲子『聖典「クルアーン」の思想――イスラームの世界観』講談社、二〇〇四年
大川玲子『図説コーランの世界――写本の歴史と美のすべて』河出書房新社、二〇〇五年
大川玲子『イスラームにおける運命と啓示――クルアーン解釈書に見られる「天の書」概念をめぐって』晃洋書房、二〇〇九年
大川玲子「ウズベキスタンのウスマーン写本――『世界最古』のクルアーン（コーラン）写本」『国際学研究』（第三七号、二〇一〇年）、八七―九三頁
大川玲子「『コーラン』と『コーランを読む』――コトバの深奥へ」、坂本勉／松原秀一編『井筒俊彦とイスラーム　回想と書評』（慶應義塾大学出版会）、二〇一二年、三二一―三三一頁
大川玲子「イスラームの聖典　クルアーン」『書物学』（第二巻、勉誠出版、二〇一四年）、九二―九六頁

大川玲子『イスラーム化する世界――グローバリゼーション時代の宗教』平凡社、二〇一三年
大川玲子『チャムパ王国とイスラーム――カンボジアにおける離散民のアイデンティティ』平凡社、二〇一七年
大川玲子「ムスリムによる反テロ思想と英国における教育実践――ターヒル・カードリーのファトワー（法的判断）に基づいて」『国際学研究』（第五〇号、二〇一七年）、一六三―一八〇頁
大川玲子「ビント・シャーティウ（アーイシャ・アブドッラフマーン）のクルアーン解釈――カイロ大学と人文学」『国際学研究』（第五三号、二〇一八年）、一―一八頁
大河原知樹／堀井聡江『イスラーム法の「変容」――近代との邂逅』山川出版社、二〇一四年
大塚和夫『イスラーム主義とは何か』岩波書店、二〇〇四年
岡本英敏『「コーラン」は神様からのステキな詩　家族で読んだ夕べ』元就出版会、二〇〇二年
カーライル（老田三郎訳）『英雄崇拝論』岩波書店、一九八八年
加藤博『イスラーム世界の危機と改革』山川出版社、一九九七年
加藤博『「イスラム vs. 西洋」の近代』講談社、二〇〇六年
鎌田繁「注釈における革新――モッラー・サドラーのクルアーン注解」『文学』（第一巻第四号、二〇〇〇年）、四九―六六頁
川村邦光『出口なお・王仁三郎　世界を水晶の世に致すぞよ』ミネルヴァ書房、二〇一七年
菊地達也編著『図説　イスラム教の歴史』河出書房新社、二〇一七年
私市正年『原理主義の終焉か――ポスト・イスラーム主義論』山川出版社、二〇一二年
クック、マイケル（大川玲子訳）『コーラン』岩波書店、二〇〇五年
クトゥブ、サイイッド（岡島稔・座喜純訳）『イスラーム原理主義のイデオロギー――サイイッド・クトゥブ』ブイツーソリューション、二〇一五年
グニルカ、ヨアヒム（矢内義顕訳）『聖書とコーラン――どこが同じで、どこが違うか』教文館、二〇一二年
栗林輝夫『アメリカ大統領の信仰と政治――ワシントンからオバマまで』キリスト新聞社、二〇〇九年
ケペル、ジム（丸岡高弘訳）『テロと殉教――「文明の衝突」をこえて』産業図書、二〇一〇年

小杉泰「イスラームにおける啓典解釈学の分類区分――タフスィール研究序説」(『東洋学報』第七六巻一・二号、一九九四年)、八五―一一二頁
小杉泰「イスラームとは何か――啓典のテクストと解釈の革新」『思想』(第九四一号、二〇〇二年)、六―二九頁
小杉泰『ムハンマド――イスラームの源流をたずねて』山川出版社、二〇〇二年
小杉泰『クルアーン――語りかけるイスラーム』岩波書店、二〇〇九年
小杉麻李亜「クルアーン研究における文化装置論的アプローチ――プラスチックとしての聖典」『Core ethics: コア・エシックス』(vol.1、二〇〇五年)、一五―二八頁
後藤明『ムハンマド時代のアラブ社会』山川出版社、二〇一二年
榮谷温子「クルアーンの物語テキストを通してみるアラビア語の限定名詞句の用法」『イスラム世界』(第五四号、二〇〇〇年)、一―二五頁
坂本勉/松原秀一編『井筒俊彦とイスラーム　回想と書評』慶應義塾大学出版会、二〇一二年
佐藤次高『イスラーム世界の興隆』中央公論新社、一九九七年
塩尻和子「クルアーン創造説における『神の言葉』(Kalām Allāh)」『イスラム世界』(第四八号、一九九七年)、一九―三六頁
塩尻和子『イスラームの人間観・世界観――宗教思想の深淵へ』筑波大学出版会、二〇〇八年
四戸潤弥「宣教の書としての『クルアーン』とイスラーム法解釈法の構造」、塩尻和子編著『変革期イスラーム社会の紛争と宗教』(明石書店、二〇一六年)、六二―九一頁
島崎晋(大川玲子監修)『これだけは知っておきたいコーラン入門』洋泉社、二〇〇七年
ジャラーライン(スユーティー/マハッリー)(中田香織訳/中田考監訳)『タフスィール・アル＝ジャラーライン(ジャラーラインのクルアーン注釈)』(全三巻)日本サウディアラビア協会、二〇〇二―二〇〇六年
聖徳太子(瀧藤尊教/田村晃祐/早島鏡正訳)『法華義疏(抄)・十七条憲法』中央公論新社、二〇〇七年
末近浩太『イスラーム主義――もう一つの近代を構想する』岩波書店、二〇一八年
杉田英明『日本人の中東発見――逆遠近法のなかの比較文化史』東京大学出版会、一九九五年

鈴木紘司『預言者ムハンマド』ＰＨＰ研究所、二〇〇七年
鈴木紘司『真実のイスラーム――聖典「コーラン」がわかれば、イスラーム世界がわかる』学習研究社、二〇〇六年
須永恵美子『現代パキスタンの形成と変容――イスラーム復興とウルドゥー語文化』ナカニシヤ出版、二〇一四年
鷲見朗子「イスラームの美と心――アルハンブラ宮殿のアラビア銘刻句を通して」『宗教研究』（第七八巻第二号、二〇〇四年）、二六九―二九四頁
高橋敏『江戸の教育力』筑摩書房、二〇〇七年
田中四郎訳『秘典コーランの知恵――知られざる啓示の世界』実業之日本社、一九七二年
タヌーヒー（森本公誠訳）『イスラム帝国夜話（上）』岩波書店、二〇一六年
タミーミー、アッザーム（小杉泰監修、中東調査会訳）「自爆攻撃をめぐるイスラーム世界での議論」『中東研究』（vol.II、二〇〇四／二〇〇五年）、二―一六頁
手塚治虫編『世界の四大聖人　孔子・シャカ・キリスト・マホメット』中央公論新社、一九八八年
デロッシュ、フランソワ（小村優太訳）『コーラン――構造・教義・伝承』白水社、二〇〇九年
中田孝／橋爪大三郎『クルアーンを読む――カリフとキリスト』太田出版、二〇一五年
中村廣治郎『イスラームと近代』岩波書店、一九九七年
中村廣治郎『イスラムの宗教思想――ガザーリーとその周辺』岩波書店、二〇〇二年
花山信勝『聖徳太子と憲法十七条』大蔵出版、一九八二年
パムク、オルハン（和久井路子訳）『わたしの名は紅』藤原書店、二〇〇四年
パムク、オルハン（宮下遼）『わたしの名は赤〔新訳版〕』（上下）早川書房、二〇一二年
パワーズ、カーラ（秋山淑子訳）『コーランには本当は何が書かれていたか？』文藝春秋、二〇一五年
平島祥男『右手にコーラン　左手に石油』ごま書房、一九八〇年
ひろさちや／黒田寿郎『ひろさちやが聞くコーラン』鈴木出版、一九九二年
フセイン、ターハー（高井清仁訳・後藤三男補修）『イスラム黎明期の詩について』ごとう書房、一九九三年
フサイン、タハ（田村秀治訳）『わがエジプト　コーランとの日々』サイマル出版会、一九七六年

ブハーリー（牧野信也訳）『ハディース――イスラーム伝承集成』（全六巻）中央公論新社、二〇〇一年
フュック、ヨーハン（井村行子訳）『アラブ・イスラム研究誌――二〇世紀初頭までのヨーロッパにおける』法政大学出版局、二〇〇二年
ベル、リチャード（医王秀行訳）『コーラン入門』筑摩書房、二〇〇三年
ベルク、ジャック（内藤洋介・内藤あいさ訳）『コーランの新しい読み方』晶文社、二〇〇五年
堀井聡江『イスラーム法通史』山川出版会、二〇〇四年
前嶋信次訳『アラビアン・ナイト7』平凡社、一九九二年
牧野信也『イスラームとコーラン』講談社、一九八七年
牧野信也『創造と終末――コーラン的世界観の構造』新泉社、一九七二年
牧野信也『コーランの世界観――イスラーム研究序説』講談社、一九九一年
牧野信也『イスラームの原点――「コーラン」と「ハディース」』中央公論社、一九九六年
牧野信也『イスラームの根源をさぐる――現実世界のより深い理解のために』中央公論新社、二〇〇五年
松山洋平編、小布施祈恵子／後藤絵美／下村佳州紀／平野貴大／法貴遊共著『クルアーン入門』作品社、二〇一八年
マハッリー、ジャラール・アル＝ディーン・アル＝／ジャラール・アル＝ディーン・アル＝スユーティー（中田香織訳、中田考監訳）『タフスィール・アル＝ジャラーライン（ジャラーラインのクルアーン注釈）』（全一―三巻）日本サウディアラビア協会、二〇〇二～二〇〇六年
マフフーズ、ナジーブ（塙治夫訳）『バイナル・カスライン』（上下）河出書房新社、一九七八～一九七九年
マフフーズ、ナギーブ（塙治夫訳）『張り出し窓の街』『欲望の裏通り』『夜明け』（新装版）国書刊行会、二〇一一～二〇一二年
水谷周『イスラーム信仰概論』明石書店、二〇一六年
水谷周『イスラームの善と悪』平凡社、二〇一二年
ムスリム（磯崎定基・飯森嘉助・小笠原良治訳）『日訳　サヒーフ　ムスリム』（全三巻）日本サウディアラビア協会、一九八七年

森伸夫「ジハードは自爆攻撃を容認するのか――自爆攻撃とイスラーム法」『海外事情』（二〇〇四年一一月号）、四二―五四頁
山上伊豆母『巫女の歴史――日本宗教の母胎』（新装版）雄山閣出版、一九九四年
安丸良夫『出口なお』朝日新聞社、一九七七年
山内昌之『新版 イスラームとアメリカ』中央公論新社、二〇一六年
横田貴之『原理主義の潮流――ムスリム同胞団』山川出版社、二〇〇九年
吉村作治『聖戦の教典コーランの秘密――中東の明日を左右するアラブの大義とは』ベストセラーズ、一九九一年
吉村作治『日本人の知らないコーランの奇蹟――四億人を支配するムハンマドの預言書』経済界、一九八三年
吉村武彦『聖徳太子』岩波書店、二〇〇二年
ローレンス、ブルース（池内恵訳）『コーラン』ポプラ社、二〇〇八年

英語文献

Abdel Haleem, Muhammad, *Understanding the Qur'ān: Themes and Style*, London and New York: I.B. Tauris, 1999.
Abdel Haleem, Muhammad, *Exploring the Qur'ān: Context and Impact*, London: I.B. Tauris, 2017.
Abu Zaid, Nasr and Esther R. Nelson, *Voice of an Exile: Reflections on Islam*, Westport: Praeger, 2004.
Abû Zayd, Nasr, *Rethinking the Qur'ân: Towards a Humanistic Hermeneutics*, Amsterdam: SWP Publishers, 2004.
Albayrak, İsmail, "The Reception of Toshihiko Izutsu's Qur'anic Studies in the Muslim World: With Special Reference to Turkish Qur'anic Scholarship," *Journal of Qur'anic Studies* 14/1 (2012): 73–106.
Baljon, J.M.S., *Modern Muslim Koran interpretation* (1880–1960), Leiden: E.J. Brill, 1968.
Bauer, Karen, *Gender Hierarchy in the Qur'ān: Medieval Interpretations, Modern Responses*, New York: Cambridge University Press, 2015.
Bauer, Karen, ed. *Aims, Methods and Contexts of Qur'anic Exegesis* (2nd/8th-9th/15th Centuries), Oxford: Oxford University Press, 2013.
Bennett, Clinton, *Muslim and Modernity: An Introduction to the Issues and Debates*, London: Continuum, 2005.
Bennett, Clinton, *Interpreting the Qur'an: A Guide for the Uninitiated*, London: Continuum, 2010.

Bonney, Richard, *Jihād from Qur'ān to bin Laden*, Basingstoke: Palgrave Macmillan, 2004.

Boyle, Helen N., "Memorization and Learning in Islamic Schools," *Comparative Education Review* 50/3 (2006) : 478–495.

Boyle, Helen N., *Quranic Schools: Agents of Preservation and Change*, New York: RoutledgeFalmer, 2014.

Burton, John, *The Collection of the Qur'ān*, Cambridge: Cambridge University Press, 1977.

Campanini, Massimo (Oliver Leaman, trans.), *The Qur'an: The Basics*, London and New York: Routledge, 2007.

Campanini, Massimo (Caroline Higgitt, trans.), *The Qur'an: Modern Muslim Interpretation*, London and New York: Routledge, 2010.

Campanini, Massimo, *Philosophical Perspectives on Modern Qur'ānic Exegesis: Key Paradigms and Concepts*, Bristol: Equinox, 2016.

Crone, Patricia, and Michael Cook, *Hagarism: The Making of the Islamic World*, Cambridge: Cambridge University Press, 1980.

Cuypers, Michel (Jerry Ryan, trans.), *The Composition of the Qur'an: Rhetorical Analysis*, London: Bloomsbury, 2016.

Daneshgar, Majid, *Ṭanṭāwī Jawharī and the Qur'ān: Tafsīr and Social Concerns in the Twentieth Century*, London and New York: Routledge, 2017.

Denffer, Ahmad von, *'Ulum al-Qurān: An Introduction to the Sciences of the Qur'ān*, rev.ed., Leicester: Islamic Foundation, 2003.

Déroche, François, *Qur'ans of the Umayyads: A First Overview*, Leiden: Brill, 2014.

Donner, Fred M., "The Qur'an in Recent Scholarship: Challenges and Desiderata," in Gabriel Said Reynolds ed., *The Quran in its Historical Context* (London and New York: Routledge, 2008) : 29–50.

Dreibholz, Ursula, "Preserving a Treasure: the Sana'a Manuscripts," *Museum International* 203 (51/3, 1999) : 21–25.

Elmarsafy, Ziad, *The Enlightenment Qur'an: The Politics of Translation and the Construction of Islam*, Oxford: Oneworld, 2009.

Esack, Farid, *Qur'ān, Liberation & Pluralism: An Islamic Perspective of Interreligious Solidarity against Oppression*, Oxford: Oneworld, 1997.

Esack, Farid, *The Qur'an: A Beginner's Guide*, Oxford: Oneworld, 2009.

Faizer, Rizwi "The Dome of the Rock and the Qur'ān," in Khaleel Mohammed and Andrew Rippin, eds., *Coming to terms with the Qur'ān: a Volume in Honor of Professor Issa Boullata, McGill University* (North Haledon, N.J. : Islamic Publications International, [2007]) : 77–106.

Farrin, Raymond, *Structure and Qur'anic Interpretation: A Study of Symmetry and Coherence in Islam's Holy Text*, Ashland, Oregon: White Cloud Press, 2014.

Gade, Anna M., *Perfection Makes Practice: Leaning, Emotion, and the Recited Qur'ān in Indonesia*, Honolulu: University of Hawai'i Press, 2004.

Gade, Anna M., *The Qur'an: An Introduction*, Oxford: Oneworld, 2010.

Görke, Andreas and Pink, Johanna eds., *Tafsīr and Islamic Intellectual History: Exploring the Boundaries of a Genre*, Oxford: Oxford University Press, 2014.

Graham, William A., *Beyond the Written Word: Oral Aspects of Scripture in the History of Religion*, Cambridge: Cambridge University Press, 1993.

Hidayatullah, Aysha A., *Feminist Edges of the Qur'an*, Oxford: Oxford University Press, 2014.

Hilali, Asma, *The Sanaa Palimpsest: The Transmission of the Qur'an in the First Centuries AH*, Oxford: Oxford University Press, 2017.

Jansen, Johannes J. G., *The Interpretation of the Koran in Modern Egypt*, Leiden: E.J. Brill, 1980.

Keeler, Annabel, *Sufi Hermeneutics: The Qur'an Commentary of Rahīd al-Dīn Maybudi*, Oxford: Oxford University Press, 2006.

Luxenberg, Christoph, *The Syro-Aramaic Reading of the Koran: A Contribution to the Decoding of the Language of the Koran*, Berlin: H. Schiler, 2007.

McAuliffe, Jane Dammen, ed., *The Cambridge Companion to the Qur'ān*, Cambridge: Cambridge University Press, 2006.

Manzoor, S. Parvez, "Method against Truth: Orientalism and Qur'anic Studies," in Andrew Rippin ed., *The Qur'an: Style and Contents* (Brook field, Vt.: Ashgate, 2001) : 381–397. [First published: *Muslim World Book Review* 7 (1987) : 33–49].

Maudūdū, Abul (Abū al-) A'lā (Ch. Muhammad Akbar and A. A. Kamal, trans.), *The Meaning of the Qur'ān*, 6vols., Lahore: Islamic Publications, 2007.

Mattson, Ingrid, *The Story of the Qur'an: Its History and Place in Muslim Life*, 2nd ed., Chichester: Wiley-Blackwell, 2013.

Mohammed, Khaleel and Andrew Rippin, ed., *Coming to terms with the Qur'ān: A Volume in Honor of Professor Issa Boullata, McGill University*, North Haledon, N.J. : Islamic Publications International, [2007].

Nasr, Seyyed Hossein, ed.-in-chief, Caner K. Dagli, Maria Massi Dakake, Joseph E.B. Lumbard, general eds., Mohammed Rustom, assistant editor, *The Study Quran: A New Translation and Commentary*, New York: HarperOne, 2015.

Nelson, Kristina, *The Art of Reciting the Qur'an*, Austin: University of Texas Press, 1985.

Nöldeke, Theodor (Friedrich Schwally rev.), *Geschichte des Qorāns*, 3vols., Leipzig: Dieterich'sche Verlagsbuchhandlung, 1909/1919/1938.

Norman, Daniel, *Islam and the West: The Making of an Image*, Oxford: Oneworld, 2009.

Nuseibeh, Saïd and Oleg Grabar, *The Dome of the Rock*, London: Thames and Hudson, 1996.

Okawa, Reiko, "Contemporary Muslim Intellectual who Published *Tafsir* works in Enlish: The Authority of Interpreters of the Qur'ān," *Orient* 48 (2013) : 57–77.

Okawa, Reiko, "Hidden Islamic Literature in a Cambodian Village: The Cham in the Khmer Rouge Period," *International and Regional Studies* 45 (2014) : 1–20.

Patton, Walter Melville, *Ahmad ibn Hanbal and the Mihnah: A Biography of the Imam Including an Account of the Mohammedan Inquisition Called the Mihna, 218–234 A.H.*, Leiden: E. J. Brill, 1897.

Pink, Johanna, "Tradition, Athority and Innovation in Contemporary Sunnī *tafsīr*: Towards a Typology of Qur'an Commentaries from the Arab World, Indonesia and Turkey," *Journal of Qur'anic Studies* 12 (2010) : 56–82.

Rahemtulla, Shadaab, *Qur'an of the Oppressed: Liberation Theology and Gender Justice in Islam*, Oxford: Oxford University Press, 2017.

Rahman, Fazlur, *Major Themes of the Qur'ān*, 2nd ed., Minneapolis: Bibliotheca Islamica, 1994.

Rahman, Fazlur, *Islam & Modernity: Transformation of an Intellectual Tradition*, Chicago: University of Chicago Press, 1984.

Reid, Donald Malcolm, *Cairo University and the Making of Modern Egypt*, Cambridge: Cambridge University Press, 1990.

Rippin, Andrew, ed., *Approaches to the History of the Interpretation of the Qur'ān*, Oxford: Clarendon Press, 1988.

Rippin, Andrew, ed., *The Blackwell Companion to the Qur'ān*, Malden, Mass.: Blackwell, 2006.

Rippin, Andrew, "The Reception of Euro-American Scholarship on the Qur'an and *tafsīr*: An Overview," *Journal of Qur'anic Studies* 14/1 (2012) : 1–8.

Robinson, Neal, *Discovering the Qur'an: A Contemporary Approach to a Veiled Text*, 2nd ed., London: SCM Press, 2003.

Saeed, Abdullah, *Interpreting the Qur'ān: Towards a Contemporary Approach*, London and New York: Routledge, 2006.

Saeed, Abdullah, *The Qur'an: An Introduction*, London and New York: Routledge, 2008.

Saeed, Abdullah, *Reading the Qur'an in the Twenty-First Century: A Contextualist Approach*, London and New York: Routledge, 2014.

Salama, Mohammad, *The Qur'ān and Modern Arabic Literary Criticism: From Ṭāhā to Naṣr*, London: Bloomsbury Academic, 2018.

Sands, Kristin Zahra. *Ṣūfī Commentaries on the Qur'ān in Classical Islam*, London and New York: Routledge, 2006.

Smith, Wilfred Cantwell, *What is Scripture? A Comparative Approach*, Minneapolis: Fortress Press, 1993.

Spellberg, Denise A., *Thomas Jefferson's Qur'an: Islam and the Founders*, New York: Alfred A. Knopf, 2013.

Taji-Farouki, Suha, ed., *Modern Muslim Intellectuals and the Qur'an*, London; New York: Oxford University Press, 2004.

Taji-Farouki, Suha, ed., *The Qur'an and its Readers Worldwide: Contemporary Commentaries and Translations*, London: Oxford University Press, 2015.

Wadud, Amina, *Qur'an and Woman: Rereading the Sacred Text from a Woman's Perspective*, Oxford: Oneworld, 1999.
Wadud, Amina, *Inside the Gender Jihad: Woman's Reform in Islam*, Oxford: Oneworld, 2006.
Wansbrough, John, *Quranic Studies: Sources and Methods of Scriptural Interpretation*, Oxford: Oxford University Press, 1977.
Wheeler, Brannon M., selected and trans., *Prophets in the Quran: An Introduction to the Quran and Muslim Exegesis*, London and New York: Continuum, 2002.
Wilson, M. Brett., *Translating the Qur'an in an Age of Nationalism: Print Culture and Modern Islam in Turkey*, Oxford: Oxford University Press, 2014.
Zadeh, Travis, *The Vernacular Qur'an: Translation and the Rise of Persian Exegesis*, Oxford: Oxford University Press, 2012.

アラビア語文献

'Abd al-Raḥmān, 'Ā'isha (Bint al-Shāṭi'), *al-Tafsīr al-Bayānī lil-Qur'ān al-Karīm*, Vol. 1 (7nd ed.); Vol. 2 (5nd ed.), Cairo: Dār al-Ma'ārif, 1990.
Al-Bayḍāwī, 'Abd Allāh ibn 'Umar, *Anwār al-Tanzīl wa Asrār al-Ta'wīl al-ma'rūf bi-Tafsīr al- Al-Bayḍāwī*, 6parts in 2vols., Beirut: Dār Iḥyā' al-Turāth al-'Arabī, 1998.
Ibn Kathīr, *Tafsīr al-Qur'ān al-'Aẓīm*, 4vols., Damascus: Dār al-Fayḥā, 1998.
Quṭb, Sayyid, *Fī Ẓilāl al-Qur'ān*, 6vols., Cairo: Dār al-Shurūq, 1996.
Riḍā, Muḥammad Rashīd and Muḥammad 'Abduh, *Tafsīr al-Qur'ān al-'Aẓīm al-ma'rūf bi-Tafsīr al-Manār*, 12vols., Beirut: Dār Iḥyā' al-Turāth al-'Arabī, 2002.
Al-Razī, Fakhr al-Dīn, al-*Tafsīr al-Kabīr*, 11vols., Beirut: Dār Iḥyā' al-Turāth al-'Arabī, 1997.
Al-Suyūṭī, *al-Durr al-Manthūr fi'l-Tafsīr al-Ma'thūr*, 6vols., Beirut: Dār al-Kutub al-'Imīya, 2000.
Al-Suyūṭī, *al-Itqān fī 'Ulūm al-Qur'ān*, 2vols., Beirut: Dār al-Kutub al-'Imīya, 1991.
Al-Ṭabarī, *Tafsīr al-Ṭabarī: Jāmi' al-Bayān fī Ta'wīl al-Qur'ān*, 13vols., Beirut: Dār al-Kutub al-'Imīya, 1999.
Al-Zamakhsharī, Muḥammad ibn 'Umar, *al-Kashshāf 'an Ḥaqā'iq al-Tanzīl wa 'Uyūn al-Aqāwīl fī Wujūh al-Ta'wīl*, 4vols., Beirut: Dār Iḥyā' al-Turāth al-'Arabī, 2001.

大川玲子　おおかわれいこ

明治学院大学国際学部教授。イスラーム思想専攻。
東京大学大学院人文社会系研究科博士課程修了。博士(学術)。
著作に、『イスラーム化する世界』(平凡社新書、2013年)、『イスラームにおける運命と啓示』(晃洋書房、2009年)などがある。

あなたにとって本とは何ですか?

小学生低学年の頃、最初になりたいと思った職は「ほんやさん」だった。一日中本に囲まれて、棚の端から端まで読めると思い込んでいた。中高校生の頃は作家になりたかったが、谷崎潤一郎の若い頃の作品を読み、無理だと（当たり前?）断念した。その頃はただ、本を通して、時空を超えた場所に行くことが楽しかった。

長じては、本への執着をこじらせ、書く側にまわる機会をもてるようになった。刊行された本は子どものようなもの。どの子も産む時に苦労があったが、それぞれにかわいいと思う、まさに親のような心境である。ただ最近は本を読むのも書くのも仕事となってしまった。自分の本物の子どもたちが、楽しみのためだけに本を読む姿を見ると、無性に羨ましくて仕方がなく、ため息が出そうになることもある。

思えば、自分の研究対象を聖典クルアーンに定めたのは、「ただ一冊の究極の書物」をもつ人々への関心からであった。神の御許にある「天の書板」が、地上に顕現したともされるイスラームの聖典。そのような書物をもつ人々は、それを通して何を見ているのだろうか。そのような書物のない社会とはどう違うのだろうか。この問いはまだまだ続きそうである。これもまた私の本への執着の一種なのであろう。

シリーズウェブサイト　http://www.keio-up.co.jp/sekayomu/
キャラクターデザイン　中尾悠

世界を読み解く一冊の本
クルアーン
――神の言葉を誰が聞くのか

2018年11月24日　初版第1刷発行

著　者――――大川玲子
発行者――――古屋正博
発行所――――慶應義塾大学出版会株式会社
〒108-8346　東京都港区三田2-19-30
TEL〔編集部〕03-3451-0931
〔営業部〕03-3451-3584〈ご注文〉
〔　〃　〕03-3451-6926
FAX〔営業部〕03-3451-3122
振替　00190-8-155497
http://www.keio-up.co.jp/
装　丁――――岡部正裕（voids）
印刷・製本――株式会社理想社
カバー印刷――株式会社太平印刷社

Printed in Japan　ISBN 978-4-7664-2555-0

世界を読み解く一冊の本　刊行にあたって

書物は一つの宇宙である。世界は一冊の書物である。事実、人類は世界の真理を収めるような書物を多数生み出し、時代や文化の違いをこえて営々と読み継いできた。本シリーズでは、作品がもつ時空をこえる価値を明らかにするのみならず、作品が一冊の書物として誕生し、読者を獲得しつつ広がっていったプロセスにも光をあてる。書物史、文学研究、思想史、文化史などの第一人者が、古今東西の古典を対象として、その作品世界と社会や人間に向けられた眼差しをわかりやすく解説するとともに、そもそもその書物がいかにして誕生し、読者の手に渡り、時代をこえて読み継がれ、さらに翻訳されて異文化にも受け入れられたのかを書物文化史の視点から考える。書物の魅力を多角的にとらえることで、その書物がいかにして世界を読み解く一冊の本としての位置を文化のなかに与えられるに至ったかを、書物を愛する全ての読者に向かって論じてゆく。

二〇一八年十月

シリーズアドバイザー　松田隆美

せかよむ★キャット

あたまの模様は世界地図。

好奇心にみちあふれたキラめく瞳で

今日も古今東西の本をよみあさる！